永恒的华夏史诗丛书

——纪念墓

陆　飞/编著

吉林人民出版社

图书在版编目(CIP)数据

纪念墓 / 陆飞编著. -- 长春 : 吉林人民出版社,
2012.5
　(永恒的华夏史诗丛书)
　ISBN 978-7-206-09061-5

　Ⅰ.①纪… Ⅱ.①陆… Ⅲ.①纪念地 – 陵墓 – 中国 –
青年读物②纪念地 – 陵墓 – 中国 – 少年读物 Ⅳ.
①K878.8-49

　中国版本图书馆CIP数据核字(2012)第113486号

纪念墓
JINIAN MU

编　　著:陆　飞
责任编辑:张　娜　　　　　　封面设计:七　洱
吉林人民出版社出版 发行(长春市人民大街7548号　邮政编码:130022)
印　　刷:永清县晔盛亚胶印有限公司
开　　本:670mm×950mm　　　　　1/16
印　　张:12　　　　　　字　　数:90千字
标准书号:ISBN 978-7-206-09061-5
版　　次:2012年7月第1版　　　印　　次:2023年6月第3次印刷
定　　价:38.00元

目　录

一二·一运动四烈士墓

　　位于云南昆明市环城北路今云南师范大学校园东北隅。

1945 年 11 月，国民党政府撕毁《双十协定》，进攻解放区，

遭到全国人民反对。11 月 25 日，昆明大中学校学生 6000 余人

在西南联大草坪举行反内战时事晚会，国民党派军队包围会

场，放枪恫吓，并在学校附近戒严。26 日，各校学生联合罢课

抗议。12 月 1 日，国民党军警特务到各校殴打罢课学生，并在

西南联大、师范学院两校投掷手榴弹，杀死南莆中学教员于

再，西南联大学生潘琰、李鲁连，昆华工校学生张华昌等 4

人，伤 20 余人，酿成震惊中外的一二·一惨案。惨案发生后，

全国各大城市学生举行抗议和示威，要求严惩凶手，掀起了更

广泛的反内战、争民主的群众运动。1946 年 3 月 17 日，由昆

明市各界人士安葬 4 烈士于此处。墓道前两侧矗立着两根石雕

火炬柱，柱下嵌有闻一多撰《一二·一运动始末记》石碑。墓

地正中排列着4名烈士灰白色洗石子长方形墓，墓前有墓志铭，各书烈士姓名、所在学校、遇难时间、终年春秋。墓后石屏上刻自由神及学生运动场面的浮雕，座上有悼诗石刻。整个墓地庄严肃穆。墓前有闻一多衣冠冢。1980年3月26日，李公朴衣冠冢由昆明西山迁葬于墓地后。墓旁新建一二·一运动史陈列馆。

二一六烈士墓

位于四川成都市北郊磨盘山。墓占地总面积1050平方米，为墓碑合一式。碑座高0.75米，碑身高5.65米。南面碑身通嵌白色大理石，上书"二一六革命烈士墓"，其余三面刻二一六惨案简介及烈士生平。1928年2月16日凌晨，四川军阀出动大批反动武装，层层包围当时的成都大学等6所大、中学校，逮捕了教员、学生100余人。仅在4小时内，即残杀14人于成都下莲池，制造了二一六惨案。烈士中有中共川西特委宣传部部长衷诗尧、共青团川西特委书记兼成都市委书记周尚明、中共成都大学支部书记李正思、钱方祥等。当时，由成都大学校长张表方（即张澜）亲自主持营藩，将6位烈士遗体丛葬武侯祠西侧（其他烈士遗体大多由其家属运回家乡安葬）。1982年4月迁葬于此。

十二桥烈士墓

位于四川成都市西门外文化公园内二仙庵侧。1949年12月7日，国民党特务将关押在成都将军衙门内的30多位共产党员、进步人士和爱国青年学生，杀害于十二桥附近。烈士中有共产党员杨伯凯、张大成、徐海东等。民主同盟和国民党革命委员会成员于渊、方智炯、徐茂森。四川大学、华西大学学生余天觉和毛英才等。1950年1月建立烈士陵园。墓占地面积为184.8平方米，墓冢高1.5米，墓前有1个石碑，高2.3米，正面楷书"十二桥死难烈士墓"。

八宝山革命公墓

位于北京市海淀区八宝山南麓。远在汉代，八宝山即为官家墓地。明代南麓修护国寺，并收僧而居；至清康熙四十年，又修殿增墓。但到新中国成立前夕，这里已山老庙荒，走狐噪鸦，满目凄凉。新中国成立第二年，百废俱兴，由周恩来总理亲自指定，将这里败宇颓垣重新修葺，辟为革命公墓，安葬那些为国捐躯或为民族积劳而殒的革命家。这里石羊列道，石狮守门，大理石牌坊上写着一行大字："八宝山革命公墓。"门内，古殿新饰，新舍古香，灵堂肃然，墓群如阵，树木森森，花草含情。这里安葬着已故的 700 多位党和国家领导人，还有为新中国诞生和繁荣而流尽最后一滴血的 1500 多位烈士。墓葬群中多是 1956 年以前谢世的老一辈革命家。1956 年春天，由毛泽东主席带头签名，倡议火葬，从此八宝山再没有新的共产党员陵墓（非共产党人除外）。1950 年，中央政治局委员任弼时去世后葬此，瞿秋白的灵柩也迁葬于此。美国进步作家史沫特莱、安那·路易斯·斯特朗等国际友人逝世后也在此安息。整个墓地苍松翠柏环抱，庄严肃穆。骨灰堂青砖红柱，分在东西两院，共有4个北室。在西院最北边的那个骨灰堂里，道门长案正中间，放着朱德同志的骨灰盒。绿玉般的石椁上，雕有他的头像，像下刻着"1886—1976"字样，记载着90岁的寿年。在朱德同志骨灰盒的左右和后边，安放着彭德怀、贺龙、陈毅、陶铸等著名军事家、政治家的骨灰盒。他们都是人民武装革命最初的组织者和参加者，为人民建立了不可磨灭的功勋。这里安葬着1955年授衔的10个四星大将中的9位（粟裕同志的骨灰除外）之骨灰。这里还有安息着共和国历届副主席，董必武、李济深、乌兰夫（张涑）在墓葬区。还有党的"四老"：徐特立、谢觉哉、林伯渠、吴玉章，以及党内外著名人士李富春、李维汉、谭震林、邓子恢、廖承志、陈叔通、沈钧儒、黄炎培等长眠于此。八宝山，是一个无言的宇宙，是一部永远读不完的革命经典。

三一八烈士墓

位于北京市海淀区圆明园福缘门遗址内。1926 年 3 月 18 日，北京大学学生为反对日本帝国主义军舰炮击大沽口事件，到段祺瑞执政府门前游行请愿，惨遭反动军阀武装镇压，47 名无辜学生牺牲在血泊之中，史称"三一八惨案"。1929 年为纪念在惨案中牺牲的烈士而建陵墓。墓坐北朝南，5 米高的六角形纪念碑矗立在 60 平方米的墓基上，碑身正面镌刻着"三一八烈士纪念碑"8 个大字，四面铭刻着刘和珍、杨德群等烈士的姓名和籍贯。1971 年 10 月，将原在北大工学院内建立的三一八烈士刘保彝、江禹烈、陈燮的墓碑移此，立于墓碑北侧。

三将军墓

位于广西兴安县灵渠南岸。现墓碑为清道光十三年（1833

年）署县张远昭所立。相传秦始皇命史禄开凿灵渠，先后派了张、刘、李三将军来监修堤，张、刘两位将军都因逾期未修成堤而被杀。李将军总结前两位的经验，把堤如期修成，因不愿独立功劳，也自杀了。后人并葬之于此。墓呈圆形，四周方石围砌，高2.4米，直径6.6米。碑为清乾隆五十六年（1791年）所立，上刻"明朝敕封张刘李镇国将军神墓碑"14个大字。

万忠墓

辽宁省旅顺是一个天然良港，历史上是兵家必争之地，也曾经是帝国主义疯狂的侵略和屠杀中国人民的地方，"万忠墓"就是历史的见证。它坐落在旅顺郊区白玉山下，建筑面积3500多平方米，内有一座庄严的墓地和一块墓碑，还有享殿一座，青松罗列，绿荫掩映，这里埋葬着10000多名无辜中国人民，他们是在中日甲午战争之后被日本帝国主义者血腥屠杀的。享殿内有 4 个大字"永矢不忘",表达了中国人民的民族气节和爱国之心。万忠墓附近,还遗留有 1894 年的中日战争和 1905 年的日俄战争遗迹:残堡、炮台、断垒等。

万密斋墓

位于湖北罗田县城东北 12 公里的广家岗。万全(1495—1575),字事,号密斋,罗田人,明隆庆、万历年间著名的医学家。造诣精深,尤擅长儿科。著有《保命歌括》《幼儿发挥》等 10 部医书传世,传另有秘传抄本 27 部。清康熙时被封为"医圣",名谧远闻。其券顶式墓室,牌坊式墓门,以及左右抱鼓石上所刻"福寿"2 个字,墓前汉白玉墓碑上所刻"明考授廪缮生国朝加封医圣万公讳密斋之墓"等字,旧貌依然。墓周青松环境,繁花拱碑石,颇为清幽雅致。

大青山革命公墓

　　坐落在呼和浩特市北郊，地属毫沁营乡代州营范围内。占地面积144896平方米，建筑面积为6313平方米，为内蒙古自治区最大的革命公墓。呼和浩特大青山革命公墓是内蒙古自治区人民政府先后投资近200万元，专为存放自治区历次革命战争中牺牲的革命烈士、社会主义革命建设时期牺牲和病故的革命先辈、党政军各级领导及各条战线上的劳模、英模等的遗骨（骨灰）而建造的。它的前身系"哈拉沁烈士陵园"。1949年9月19日，绥远国民党军政将领举行和平起义后，人民政府于1950年1月正式接管了政权。为纪念为争取人民革命胜利、为人民取得翻身解放在历次革命战争中牺牲的先烈们，经1951年原绥远省各界人民代表大会提议并通过，决定在原归绥县哈拉沁村（今属呼郊毫沁营乡哈拉沁村）西的大青山下建造一处革命烈士陵园，同时在呼和浩特市区内的人民公园建立一座革命烈士纪念碑。工程从 1951 年 7 月动工，于 1951 年 9 月建成。

烈士陵园距市区 15 公里左右，占地 24000 平方米。哈拉沁烈士陵园建成使用后，除 1952 年清明首次安葬的 30 余名革命烈士外，到 1980 年，共葬有 67 名烈士遗骨。因陵园离市区较远，给悼念活动带来许多不便，1963 年清明之后，经自治区多数革命老干部提议，民政局申请，内蒙古自治区人民政府决定，在距市区较近的呼市赛马场北，代州营村东新建一座具有现代风格的大型革命公墓。1965 年动工，"文化大革命"终止。1972 年，内蒙古自治区党委重新决定，公墓建设为全区重点工程建设，1973 年复建，在 1979 年竣工。1980 年 4 月 5 日正式使用。对安葬在哈拉沁烈士陵园内的 67 名烈士尸骨重新火化，装匣迁入新建的大青山革命公墓内。与此同时，又将历年来存放在呼市人民公园烈士塔内的 47 名烈士骨灰匣也迁到了革命公墓内。

马君武墓

位于广西桂林南郊 25 公里的雁山附近。墓为砖石结构，墓前耸立砖石水泥建的方柱形墓碑，高 7 米，正面刻"马君武先生之墓"；左侧为大理石墓志。马君武（1881—1940），中国著名的教育家、科学家。原名道凝，字原山，号君武，广西桂林人。曾留学日本和德国，致力于工艺化学和冶金研究，获工学博士。早年追随孙中山从事革命，武昌起义后，任临时政府实业部部长。1921 年，孙中山在广州组织南方政府，任总统府秘书长等职。1923 年后长期从事教育工作，先后任上海大厦大学、北京工业大学、上海中国公学校长，后创立广西大学，兼任校长。爱好文学，尤工于诗，曾翻译拜伦、席勒等人作品。有《马君武诗稿》。

马骏墓

位于北京市朝阳区日坛公园。1928 年 2 月 25 日，马骏同志被反动军阀杀害后，其夫人杨秀蓉隐忍悲痛联系回族革命同胞冒着生命危险将烈士安葬于北京朝阳门外的回族墓地，并埋下书有马君骏之墓的石碑一块，植下松柏数株。中华人民共和国成立后，北京市人民政府于 1951 年为马骏同志举行公祭，在原地修建马骏墓，新立汉白玉石碑一块，由政务院副总理郭沫若题写碑文"回族烈士马骏同志之墓"。1966 年开始的"文化大革命"，马骏墓遭破坏，碑面被涂，墓体坍塌。1984 年朝阳区人民政府将马骏墓列为革命文物保护单位。为缅怀革命先烈教育后人，北京市人民政府于 1987 年 3 月决定拨专款重修马骏墓，1987 年 12 月完成。中国人民政治协商会议全国委员会主席邓颖超亲笔题写碑文"回族烈士马骏之墓"。新建墓南北长 7.2 米，东西长 5.9 米，汉白玉做墓体，花岗岩为墓基，三面设艾叶青石栏，四周有松柏环围，庄严肃穆。为纪念马骏烈士牺牲 60 周年，中共北京市委、北京市人民政府在新墓前举行了纪念活动。

王杰墓

位于江苏邳州市张楼。王杰（1942—1965），山东金乡人。

是中国人民解放军济南部队某工兵一连班长。1965 年 7 月 14 日上午，在张楼大队指导民兵地雷班实习，因炸药发生意外，为保护在场 12 名民兵战士英勇牺牲。为纪念其英雄业绩，将他的遗体埋葬在炸坑附近，并于 1965 年 11 月修建王杰烈士陵园，内有墓、碑、纪念堂等。党和国家领导人周恩来、朱德、董必武等同志为烈士墓题了词。

王德三等烈士墓

原在云南昆明北郊 13 公里的黑龙潭龙泉观右。20 世纪 60 年代后期被迁至观后，同时被迁者尚有吴澄、马登云、张舫、王复生等烈士墓。1983 年云南省人民政府为王德三、吴澄、马登云三位烈士重修新墓。墓呈圆形，坐北朝南，墓前分别刻竖用黑色大理石制作的墓碑，正中字迹刻隶书体，贴以金箔，上刻仿宋体生卒年月，下刻"云南省人民政府敬立"字样。墓道东侧竖重点文物标志碑，西侧竖三烈士的生平事迹碑。王德三

（1899—1930），云南祥云人，原名懋庭，字正麟。1922 年加入中国共产党，曾任广州黄埔军校政治部宣传科长、政治教官等职。1927 年奉调回昆建立中共云南省临时工作委员会，并任书记。1930 年被反动政府杀害于昆明。吴澄（1900—1930），昆明人，为中国共产党在云南发展的第一个女共青团员和女共产党员，曾任省委委员，与王德三同日殉难，其夫李国柱亦同时被害。马登云（1910—1929），昆明人，1927 年加入中国共产党。为云南第一个回族共产党员，1929 年 10 月被反动派杀害。

太平天国烈士墓

位于上海吴桥镇西北三里屯粮巷。1862 年 1 月，太平军第二次进军上海，占领了奉贤、金山、南江、川沙后，又攻克高桥。高桥是上海的咽喉，反动派感到不安。于是华尔的洋枪队和英法侵略军乘炮舰扑向高桥。太平军建立堡垒、炮台约五六十处，猛烈抗击侵略军和清军。侵略军竟纵火焚烧高桥镇，包围太平军，太平军迫于形势遂向南转移。在高桥之役中，太平军牺牲战士甚众，葬在屯粮巷。1954年经过勘查，整理墓地，并立"太平天国烈士墓"碑。

长春无名烈士墓

坐落在吉林省长春市朝阳区城西乡长春机场附近。1990年10月19日重建竣工。无名烈士墓，为纪念为解放长春而英勇牺牲的革命烈士而建。占地面积5000平方米，埋葬着在1948年长春机场战斗中光荣牺牲的108名解放军无名指战员的遗骨。这些革命烈士遗骨曾埋葬在长春机场内，因祭扫不便加之机场扩建，后迁移到现墓址。1990年，省、市有关部门及朝阳区和城西乡干部群众集资21万元，于4月动工重建，值长春解放42周年纪念日落成。墓地高10余米的纪念碑上镌刻着"革命烈士永垂不朽"8个醒目大字。苍松翠柏和白杨环绕着

16 块烈士墓碑，碑前栽着一片片青草，墓地上铺着水泥方砖。整个墓地呈陵园式结构，显得庄严肃穆、壮观。

方志敏墓

位于江西省南昌市西北郊梅岭。1977 年 8 月 6 日，在烈士牺牲 42 周年的纪念日，举行了烈士遗骨安葬仪式。方志敏（1900—1935），江西弋阳人。1922 年加入中国社会主义青年团，1923 年加入中国共产党。第一次国内革命战争期间，在江西领导农民运动。1927 年国民党叛变革命后，他领导弋阳横峰起义，开展土地革命，组织工农政权，创建了赣东北革命根据地和工农红军第十军。曾任闽浙赣工农民主政府主席和红十军政治委员。1931 年，当选为中央工农民主政府执行委员、主席团委员。在中国共产党第六次全国代表大会上，当选为中央委员。1934 年 11 月，率领红军抗日先遣队北上。次年 1 月，在江西德兴县陇首村与国民党军队作战时，因叛徒出卖被捕。狱中坚贞不屈，8 月在南昌英勇就义。著有《可爱的中国》《狱中纪实》等。在弋阳县漆工镇、葛沅镇和烈士故乡湖塘村，有烈士的许多遗迹。陵墓依梅岭山势而建。踏上百余级的宽阔石阶，便是高大的烈士墓碑，碑上镌有毛泽东同志的题字："方志敏烈士之墓。"墓周松柏环绕，林木葱茏。

文林山革命公墓

位于福建福州市西郊将军山东南麓的文林山。1981 年，省、市人民政府拨款修建。占地 150 余亩，主要建筑物有革命烈士事迹陈列馆、纪念碑、悼念厅、烈士墓、骨灰堂和光荣亭等。居高临下，气势宏伟。南面有宽阔的花岗石阶，可拾级而登。烈士墓圆形，分列东西两侧。东侧是 1958 年 10 月 10 日在福建前线牺牲的空军战斗英雄杜凤瑞烈士墓，西侧是新中国成立前牺牲的烈士墓，墓前竖有一块刻着庄征、李铁、孟起、真树华等 78 位烈士姓名的石碑。基地周围风景秀丽。

文徵明墓

位于江苏苏州市城北 3 公里的陆墓镇李家浜。文徵明（1470—1559），初名璧，以字行，又字征仲，号衡山居士，长洲人，明代书画家。与祝允明、唐寅、徐桢卿等被称为"吴中四才子"，曾充翰林院待诏。善诗能文，尤胜书画。工行草，精小楷；擅画山水，多写江南湖山庭园，亦善花卉、兰竹、人物。名重当代，学生甚多，形成了"吴门画派"，与沈周等合称"明四家"。有《甫田集》。墓地约 1 亩许，封土高出地面近1 米。墓前有照池，神道上原有碑、华表、石兽、翁仲等，今已废。

文种墓

位于浙江绍兴府山东北。文种，字少禽，楚国郢（今湖北江陵）人。为越国大夫，佐勾践灭吴。越既称霸，勾践听信谗言，认为文种即将谋反，便赐死于他。文种刎颈自杀，越王葬文种于卧龙山。葬一年，潮水至，冢崩裂，失其尸。今府山北麓有坎，相传为大夫文种所葬之处。文种原墓已毁，1981年再次修复。墓用石块砌成，呈圆形。墓前有一石亭，亭内有一石碑，正面刻有"越大夫文种墓"6个大字；背面刻"重修文种墓碑文"记。

孔子墓

位于山东曲阜县城北1.5公里孔林内东享殿后。春秋末期思想家、教育家、儒家学派创始人孔子墓前有明正统八年（1443年）所立石碑，篆书"大成至圣文宣王墓"。墓东为孔鲤墓，南为孔鱼及墓，其格局即所谓"携子抱孙"。孔子墓东南有宋真宗、清康熙、乾隆帝驻跸亭3座。再南为楷亭，亭旁枯树相传为子贡手植楷。《史记》载，孔子殁后，弟子皆结庐守墓，服丧 3 年，唯子贡思慕情深，3 年之后复独居 3 年始归。明嘉靖二年（1523 年）御史陈风梧于孔子墓西南建屋 3 间，并立"子贡庐墓处"石碑。

孔尚任墓

位于山东曲阜孔林东北角。孔尚任（1648—1718），字聘之、季重，号东塘、岸堂，自称云亭山人，山东曲阜人，清代剧作家。孔子后裔，好诗文，通音律，喜作戏曲。曾任国子监博士、户部主事、员外郎等职。写有著名传奇《桃花扇》。罢官回乡，终于故里。有《石门山集》《岸塘文集》等。墓基石砌，封土于上。墓碑书"奉直大夫户部广东清史司员外郎东塘先生之墓"，陈世佶书，立于清雍正十三年（1735 年）。

孔祥珂墓

位于山东曲阜孔林西北角，南北路以西约 20 米处。坐北向南，坟前有石碑、石供案桌，石碑上书："孔子七十五代孙则君先生墓"，上款刻"三台萧方俊顿首拜题"，下款刻"中华民国二十二年谷旦孝男令牲令秣立石"。孔祥珂，字则君，是孔子七十五代孙，北京译学馆毕业。曾任山东高等学堂教务长。辛亥革命后，历任山东临时省议会议员、副议长、山东高等学校校长、山东法校校长等职。第一次世界大战结束后，作为中国山东代表参加巴黎和会，为收回青岛主权，登坛慷慨陈词，"闻者动容，外方绝域报章传载"。表现了可贵的爱国精神和民族气节。1920 年病卒，年 33 岁。

邓萍将军墓

位于贵州遵义老城小龙山（今红军山）上。墓为长方形，红砂石镶嵌，墓碑上镌"邓萍同志之墓"，为张爱萍书写。1957 年从邓萍当年牺牲处于田坝迁葬于此。墓冢周围，苍松翠柏，四季常青。邓萍（1908—1935），四川富顺人。黄埔军校毕业。1928年加入中国共产党。历任红五军参谋长、红三军团随营学校校长、红五军军长、红三军团参谋长等职。1935年2月，红军第二次攻占遵义城战斗中牺牲。张爱萍于遵义鸭溪作诗痛悼："长夜沉沉何时旦，黄埔习武求经典。北伐讨贼冒战雨，平江起义助烽焰。'围剿'粉碎苦运筹，长征转战肩重担，遵义城下洒热血，三军征途哭奇男。"并在1979年10月为邓萍作墓志铭。

邓演达墓

位于江苏南京市灵谷寺东北半里。墓坐北朝南，东、北两面环山，周围有石墙环绕。墓前建有大平台，大平台正中筑有小平台，置水泥花圈，用短柱和铁链围绕。平台后为花岗石墓碑。上镌"公元一九五七年十一月邓演达烈士之墓何香凝敬题"。大平台左右有钢筋水泥结构的方亭各一座，中设石圆桌1张，石凳4个。花亭毗连花廊，上架条栅，以紫藤为花篷，曲折延于墓门，左右环抱，庄严肃穆。邓演达（1895—1931），广东惠阳人。早年加入同盟会，参加讨伐陈炯明的战役。国民党改组后，坚决拥护孙中山的三大政策。在北伐战争中，任国民革命军总政治部主任。蒋介石叛变革命后，他坚持国民革命政府迁都武汉，反对蒋介石出卖革命，实行军事独裁。八一南昌起义中，任革命委员会委员。1931 年 8 月 17 日，蒋介石勾结帝国主义分子在上海逮捕了他，同年 11 月 29 日深夜将其杀害于南京麒麟门外砂子岗。1958 年将其遗骸迁葬于此。

邓仲元墓

位于广东广州市黄花岗公园内。邓仲元（1885—1922），名铿，广东惠阳人，中国民主革命家。辛亥革命前即参加孙中山领导的中国同盟会，辛亥革命后历任广东革命政府陆军司令、粤军参谋长、师长等职，参加孙中山领导的讨伐袁世凯，驱除盘踞广东的军阀龙齐光、莫荣新等战役，功绩卓著。1922

年 3 月 21 日，被反动派刺死。孙中山以大总统名义追赠为陆军上将，命葬于黄花岗七十二烈士墓侧，并亲书其墓碣。墓园入口处为一座面阔 3 间的墓门，园内丰碑高耸，蔚为壮观。邓仲元殉难处原立有邓氏铜像一座，新中国成立后亦移置园内。

邓廷桢墓

位于江苏南京市仙鹤门外红旗农牧场邓家山下。邓廷桢（1776—1846），鸦片战争中力主抗击英国侵略者的著名爱国将领。清江江宁（今南京）人，字嶰筠，嘉庆进士。历官两广、闽浙和陕甘总督。他积极支持林则徐禁烟，英国挑起鸦片战争后，他配合林则徐坚决抵抗英军侵略，6 次打败英军进攻。后因受投降派诬陷，与林则徐同时被革职，充军伊犁。邓墓背依灵山，墓丘完整，原有墓碑 2 通。一为邓碑，篆体阴刻"皇清诰封荣禄大夫振戚将军显考嶰筠府君之墓"；另一为其妻张氏墓碑，文为"皇清诰封一品夫人显妣张夫人之墓"。下款均为

"男尔晋咸巽敬立""道光二十六年"。二碑在修水库时，均被砌入堤下，现已另树新碑。墓前有南京市文物保护委员会1958年竖立的"清邓廷桢墓"碑1通。

邓愈墓

位于江苏南京中华门外邓府山。邓愈（1336—1377），明初大将。本名友德，虹县（今安徽省泗县）人。邓愈自少即参加朱元璋的起义军，屡建奇功，年16，即以善战著称。累官至江西行台参政。陈友谅率数十万军来攻，城坏300余丈，他督军奋战，边战边筑，坚守3个月，围始得解。因功进右丞，后受任为湖广行省平章，镇守襄阳，成惠甚著。洪武初，因平定扩廓帖木儿之功，进位右柱国，封卫国公。洪武十年（1377），受命为征西将军，出讨吐蕃川藏，分兵三路，追至昆仑山。在回师途中，病卒于寿春，追封了宁河王。墓现存神道碑1通，墓碑1通，文臣、武将、石马及马夫、石羊、石虎符2个。神道碑立于"洪武十三年岁次庚申十二月",碑全名为"明赐故开国辅运推诚宣力武臣、特进荣禄大夫、右柱国、卫国公、迫封宁河王,谥武顺邓公神道碑铭"。

巴布什金墓

位于广西桂林丽狮路西山南麓。墓园建于平旷的山谷中,用水泥构筑圆形平台,加水磨石围栏,朴素大方。南面门宽4.46米,有石级可登。四周植塔柏,园中耸立圆顶墓碑,高7.07米,宽3.05米,上书"苏联陆军步兵中校巴布什金之墓"14个大字。巴布什金,苏共党员,为支援中国人民的抗日战争。1939年被派来中国任军事顾问,曾参加南京战役。1940年9月在桂林病故。原葬甲山,新中国成立后迁于此。

巴蔓子墓

位于四川重庆市。巴蔓子是战国时期巴国将军,他作战骁勇，为人豪爽，报国忠贞。其防区在今四川忠县。因巴国内乱，他奉命向楚国借兵，答允平息叛乱之后，以3座城池作报答。事成后，楚王派使臣前来索地。巴蔓子沉着镇定、大义凛然地说："不错，我确实这么答应过。但是，江山社稷怎能随意分割呢？我愿以一死谢失信之罪，请把我的头拿去见楚王！"说完便当着楚使、兵将和妻儿毅然自刎了。楚王得知此事后，对巴蔓子的忠烈行为十分钦佩，他说："我如果能得到这样的忠臣为我护国安邦，又何必要那3座城池呢？"遂以对待上卿的礼节在湖北施州（今恩施），厚葬了巴蔓子的头颅。巴国国君对巴将军杀身护国的行为也极其感动，隆重地安葬了巴蔓子的无头尸身。至今在川东广大地区、还流传着巴蔓子"头在楚国，身在巴国"的动人故事。

墓坐落在莲花池附近，虽栉风沐雨，饱阅沧桑，历时2000余年，至今仍屹立在山城。明代万历年间巴墓被毁，清代雍正年间，百姓捐资修复。新中国成立后，人民政府拨款作了一座石砌券洞加以保护。古往今来，凭吊颂扬巴蔓子高风亮节的诗句甚多，其中一首是前清诗人王尔鉴所作："头断头不断，万古须眉宛然见。城许城还存，年年春草青墓门。"近年，名闻遐迩的忠县石宝寨塔寺第二层楼阁上还新立了巴蔓子自刎留城的群体泥塑。塑像栩栩如生，爱国精神感人肺腑。

东方朔墓

位于山东陵县神头镇西南东方朔故里。东方朔（公元前154—公元前93年），字曼倩，平原厌次（今山东陵县东北）人，西汉文学家、大臣。性格诙谐滑稽，普辞赋，汉武帝时曾任常侍郎、太中大夫等职，常以正道讽刺武帝。因终不得重用，故作散文赋《答客难》，以抒发有才智而无由施展之苦闷。后世称之为"仙人"，《神异经》《海内十洲记》等书也托名为他所作。

墓园由坟墓和祀祠两部分组成，北临笃马河，东傍秦汉72冢高大墓群。墓前原有石碑，上题"东方朔先生之墓"。祠今废，唯存唐天宝十三年（754）唐代书法家颜真卿书《汉太中大夫东方先生画赞》碑，现移至陵县县城建亭保护。

东征烈士墓

位于广东广州市黄浦长洲岛黄埔军校旧址之西南。1925年，国共合作从广州两次出发东征，东征部队以黄埔军校学生为主力打垮了军阀陈炯明，收复东路惠、潮、梅一带，是统一广东革命根据地的重要战役。周恩来同志任东征军总政治部主任，在军队和民众中进行了强有力的政治工作。黄埔军校许多共产党员、共青团员和革命师生在战役中奋不顾身，屡建奇勋。翌年十月，军校在附近山岗修建大型墓园，安葬为国捐躯的师生。

墓园规模较大，前临珠江，背靠群峰，气势雄伟。正面一座壮丽的纪念牌坊屹立江边。林荫覆盖的主墓道以长条石依山铺砌，由低而高，长数百米。大型的主墓，台座呈方形，绕以铁栅，中央高耸一碑亭，内立有镌着"东征阵亡烈士墓"的碑石。墓前有可容数百人致祭的广场，墓后是石砌的烈士记功坊。

石涛墓

位于江苏扬州平山堂两侧芳圃内。石涛（1642—约1718），清初杰出画家。姓朱，名若极，字石涛，广西全州人。明靖江王赞仪之十世孙。明亡后为僧，法名原济，号苦瓜和尚，晚年定居扬州，作画为生。自幼好画山水、人物、花鸟、兰竹、梅花，无不精妙，能镕铸千古，独出手眼，是明末清初画坛革新派的代表人物。墓在楠木厅后竹丛中，一度废圮。1984年复建六角形白矾石墓塔1座。

龙华二十四烈士墓

位于上海市龙华公园桃林内。这里安葬着有我党早期的领导干部何孟雄、林育南、李求实和欧阳立安，还有左联的杰出作家冯铿、柔石、殷夫、胡也频等。他们被捕后宁死不屈，1931年2月7日被秘密杀害在龙华桃花林外小石桥旁。为了纪念他们，公园内建有"龙华二十四烈士墓"，每年清明时节，来这里凭吊、瞻仰的人们络绎不绝。1991年扩建为"龙华烈士陵园"。

左权墓

位于河北省邯郸市晋冀鲁豫烈士陵园内。左权（1905—1942），湖南醴陵人。1925年，在黄埔军校参加中国共产党。曾任工农红军第五军团十五军政委兼军长，第一军团参谋长等职。抗日战争时期任八路军副参谋长。1942年5月25日，在山西省辽县（今左权县）麻田反扫荡战斗中英勇牺牲，当时安葬在涉县石门村。1950年10月21日，移葬邯郸。

墓用青石建造，两侧翠柏掩映，墓前高大的碑楼里，树有墓碑 1 通，正面是周恩来亲笔书写的"左权将军之墓"，背面是周恩来在 1942 年 6 月写的《左权同志精神不死》悼文的节录。墓东面石碑上刻朱德《吊左权同志》诗："名将以身殉国家，愿拼热血卫吾华，太行浩气传千古，留得清漳吐血花。"西面石碑刻彭德怀写的"左权将军碑志"。并建有纪念馆，陈列着左权将军照片及有关资料。

叶圣陶墓

位于江苏省的水乡古镇甪直。叶圣陶（1894—1988），现代著名作家、教育家、出版家。原名叶绍钧，江苏苏州人。新中国成立前当过小学、中学、大学教师。编过《小说月报》《妇女杂志》和《中学生》等刊物。1914 年开始用文言文写小说，1919 年改用白话写作。1921 年和沈雁冰、郑振铎等人发起成立文学研究会，提倡"为人生"的文学。20 年代和 30 年代的作品有短篇小说集《隔膜》《水灾》《线下》《城中》《未厌集》等，童话集《稻草人》和《古代英雄的石像》，散文集《脚步集》《未厌居习作》等。代表作长篇小说《倪焕之》真实地反映了从辛亥革命到第一次国内革命战争时期一部分小资产阶级知识分子的生活历程和精神面貌。抗战爆发后，到四川继续从事教育和编辑工作，并写了一些宣传抗战爱国的作品，收在 1945 年出版的《西川集》里。

新中国成立后，当选为全国政协委员和人大代表，曾任出版总署副署长，人民教育出版社社长、教育部副部长等职。在繁忙的工作之余，还发表了一些诗歌、散文和文学评论。1958 年出版了散文集《小记十篇》。他是五四运动以来有很大影响的作家之一。新中国成立以后，先后出版有《叶圣陶选集》《叶圣陶短篇小说选集》和《叶圣陶文集》（五卷）。他的创作态度严肃认真，风格朴素自然，语言简洁洗练，素有"语言艺术家"之称。1988 年 2 月 16 日因病逝世。

直角镇是叶圣陶先生在青年时代进行教育改革实验的地方。他投身于五四运动，也是在这里开始的。墓建于当年叶圣陶先生执教的小学校旁边，与唐代诗人陆龟蒙墓和著名古迹保圣寺相邻。墓前建有以"未厌"命名的纪念亭。

叶适墓

位于浙江温州市区海坛山支阜慈山之南麓。叶适（1150—1233），字正则，谥文定，祖籍龙泉，后迁瑞安，永嘉学派代表人物，南宋著名的政治家、思想家、文学家。墓早年被盗，出土墓志一方。系青瓷烧制，上刻"大宋吏部侍郎叶文定公之墓，淳祐十年吉立"18个字。1952年重修，1966年底被毁，1981年再次修复。墓坐北朝南，占地104平方米。墓前有上下两层平台。墓室呈圆形，直径2.8米，四周用方形块石垒砌而成，顶部用泥土覆盖，前立墓碑一块，高1.4米，上刻"宋叶文定公之墓"。

史可法墓

位于江苏扬州广储门外梅花岭畔。史可法（1601—1645），字宪之，号道邻，河南祥符（今开封）人。崇祯元年（1628年）进士，官至兵部尚书。1645年清军南下扬州，史可法死守至城破被执，不屈而死。嗣子史德威，葬其衣冠于梅花岭下。

墓前有砖砌碑坊一座，上嵌"史忠正公之墓"石刻，墓碑上刻"明督师兵部尚书兼东阁大学士史可法之墓"，墓前对联为：心痛鼎湖龙，一寸江山双血泪；魂归华表鹤，二分明月万梅花。墓周松海交柯，墓外院墙外壁，左右各辟月门，上嵌"梅花岭"石额。1979年修复史可法墓时，墓坑内未发现骨骸，仅存料质玉带20片，与史籍所载衣冠冢相符。墓旁建有祠和纪念馆，"史可法纪念馆"横额为朱德手书。郭沫若有联云："骑鹤楼头难忘十日，梅花岭畔共仰千秋"。

史坚如墓

位于广东广州市先烈路黄花岗公园内。史坚如（1879—1900），广东番禺人。1899年加入孙中山领导的兴中会。1900

年，孙中山命郑士良在惠州起义，由史坚如在广州策应。同年10月，因密谋挖地道以炸药轰炸两广总督德寿未遂被捕，于1900年11月9日壮烈就义。1913年，孙中山等为之建墓于广州市先烈路青菜岗。1978年，因墓地被征用，改迁此处。原墓所立之史坚如汉白玉全身立像，及刻有"孙文等公建"之云石台座，与题署"史坚如先生祠"的墓门均照旧移置。

四烈士墓

位于广州起义烈士陵园内。四烈士即温生才、林冠慈、陈敬岳、钟明光，均在辛亥革命前参加孙中山领导的革命运动。温生才（1870—1911），字练生，广东梅县人，1911年4月8日，在广州东门外刺杀清政府广州将军孚琦，被捕后英勇牺牲。林冠慈（1883—1911），广东顺德人。陈敬岳（1870—1911），广东梅县人。1911年8月13日，林陈二人在广州双门底（今北京路）因炸广州东师提督李准，林冠慈当场牺牲，陈敬岳被执就义。钟明光（1881—1915），广东兴宁人，于 1915 年 7 月 17 日向袁世凯爪牙龙济光掷击炸弹，伤龙济光并伤毙其卫士 17 人，事后被捕，次日英勇就义。1918 年，广州人民在其葬处建圆形石质合葬墓一座，墓前有石牌坊矗立。墓旁建有琉璃瓦顶亭一座，1924 年树立碑记，称四烈士墓。前立"红花岗四烈士墓道"篆额石牌坊，苍松老树间，一对绿瓦亭相伴墓旁。

卢冬生同志墓

位于黑龙江省哈尔滨烈士陵园。卢冬生将军（1906—1945），湖南省湘潭人。是湘鄂西革命根据地和红二方面军创始人之一。1927 年，参加南昌起义，同年加入中国共产党。年底，他遵照党的指示，到湘鄂西组织红军和发展苏区。当时反动势力异常嚣张，革命群众遭到敌人的严重摧残，环境十分险恶。卢冬生同志以他对党、对革命一片赤诚的心，不避艰险、不怕困难、坚韧不拔，出色地完成了党交给他的每一项任务。

他善于联系群众，一点一滴地做群众工作，并把他们组织起来同敌人进行坚决的斗争。他善于学习，不断总结战斗经验，由一个工人出身的同志锻炼成为一个人民军队的坚强领导者和指挥者。他善于率先垂范，以自己的模范工作和胜利的战斗获得部队干部战士的高度信任。在湘北苏区粉碎徐源泉、肖之楚、何键等军阀的"围剿"，在湘鄂西历次战斗中的出奇制胜，以及1932年独自胜利地坚持苏区的斗争，都充分体现了卢冬生同志杰出的领导才能和高超的指挥艺术。他为创建苏区和发展红军做出了重要的贡献。他在参加二万五千里长征以后，赴苏联学习。1945年回国，正当党和人民需要他做更多工作的时候不幸牺牲于哈尔滨。党和老一辈无产阶级革命家对卢冬生同志十分怀念。贺龙元帅亲自撰写了碑文。前碑上镌刻"卢冬生同志之墓"；后碑上刻"卢冬生将军墓"。

归有光墓

位于江苏昆山市金潼里。归有光（1507—1571），字熙甫，人称震川先生，昆山人，明代著名散文家。墓地五亩余，墓有两冢，东冢为其高祖南隐公暨配俞氏之墓，西冢为归有光暨配魏氏、王氏之墓，曾孙归庄墓附葬在西冢之次。原墓门在东，乾隆六年（1741年）县令丁元正封筑后，移至西冢之前。1934年重新修葺，将墓门改建。篆额"归震川先生墓"，墓穴用水泥浇成圆顶，并立"明太仆寺丞归震川先生墓碑"；墓左建御倭亭，纪念先生嘉靖年间入城御倭的功绩。

白求恩墓

位于华北军区烈士陵园。白求恩（1890—1939），伟大的国际主义战士，加拿大共产党员，著名胸外科医师。1938年初，在中国人民抗日战争的艰苦岁月里，他受加拿大共产党和美国共产党的派遣，率领由三人组成的加美医疗队来华，援助中国人民抗日，并由延安转赴晋察冀边区工作。他对工作极端负责，对技术精益求精，对同志极端热情，以精悍的医疗技术，为中国抗日军民服务，毫不利己，专门利人，直至为中国人民献出了生命。1939年10月下旬，在抢救伤员时左手划破，中毒、恶化，经抢救无效，于1939年11月12日凌晨20分逝世。毛泽东同志特著《纪念白求恩》一文，赞扬他的伟大国际主义精神。1940年，晋察冀边区军民在反"扫荡"胜利之后，立即克服重重困难，在唐县军城南关修建了白求恩陵墓，并于5月1日重新安葬了白求恩。

白求恩墓位于晋察冀边区烈士陵园的正面，南侧是柯棣华墓，北侧为烈士公墓。白求恩墓建在五角星图案的中央。墓下部呈方形，上部为地球模型。墓前竖立着白求恩的大理石雕像。在墓的四周，镌刻着中国共产党中央委员会和聂荣臻、吕正操等的题词。墓前竖立着两通汉白玉石碑，一通正面镌刻着中国共产党中央委员会的悼词，碑阴刻着晋察冀军区全体指战员在1940年1月5日追悼白求恩的志文。这两通石碑记载了白求恩在晋察冀边区工作期间的光辉业绩，表达了中国共产党和抗日军民永远缅怀白求恩的深厚感情。1942年，日寇对白求恩陵墓进行了破坏。1952年，白求恩灵柩迁往石家庄市华北军区烈士陵园。党和政府对白求恩陵墓旧址进行了保护和维修。华北军区烈士陵园白求恩墓位于陵园西部，周围是长青的松柏。墓坐西朝东，下部为方形，上部呈圆球形。墓的左侧刻有白求恩的简历，右侧刻着毛泽东《纪念白求恩》一文的节录。墓前，矗立着白求恩高大的全身塑像，风尘仆仆，神态逼真，再现了白求恩毫不利己，专门利人，为中国人民的解放事业英勇献身的光辉形象。在白求恩墓的北部，建有陈列馆，通过大量的照片和文物，展现了白求恩的模范事迹和崇高的国际主义、共产主义精神。

白居易墓

位于河南省洛阳市龙门东山琵琶峰下。圆冢用青砖围砌，四周有翠柏护卫。石碑上镌刻"唐少傅白公墓"6个大字，环境幽雅，气氛肃穆。白居易（772—846），唐代大诗人，字乐天，祖籍山西太原，生于河南新郑县。曾任左拾遗刑部尚书等职。据记载，唐大和三年（829年），白居易58岁，以太子宾客、分司东都洛阳，直到他75岁逝世时止，一直在这里居住和生活。在此期间，他曾重修香山寺，开龙门八节石滩，并与香山寺僧如满结为空门之友，自号"香山居士"，过着闲适的晚年生活。唐会昌六年（846）病逝洛阳。根据他生前的愿望，当地僧俗、群众将他安葬于香山寺旁。

包孝肃公墓园

坐落在安徽省合肥古城庐州包河浮庄。1987年10月1日，重建落成。包拯是我国历史上的名臣。他为官清廉、执法如山、体察民情、兴利除弊。包拯铁面无私、刚正不阿的形象，一直为广大人民所敬仰、传颂。包拯的新墓址紧靠合肥城南的包河，与包拯祠邻近，周围绿茵环抱，碧波荡漾，风景十分秀丽雅静。这座新墓是根据发掘出土的史料，现存实物和宋代葬俗制造的，地下有地宫，地面有石人、石羊、石虎、享堂和高冢，再现了宋代包拯墓的原貌。

冯子材墓

位于广西壮族自治区钦州县城东 10 公里一处小山丘上。冯子材（1818—1903），清广东钦州（今属广西）人。字南于，号萃亭，一作翠亭，行伍出身。早年曾先后从向荣、张国梁镇压太平军。同治三年（1864 年）升广西提督，光绪元年（1875 年）任贵州提督，后复回广西，八年因疾退职。同治十年，法国侵略军进犯滇桂边境，12 月淮军败退，广西大震。被任为广西关外军务帮办，在当地人民支持下，积极备战。次年 2 月，法军分三路进攻镇南关（今友谊关），他率王孝祺、王德榜、苏元春等都大败法军，歼敌千余人，法军司令尼格里亦受重伤。28 日又克谅山，后因清政府妥协求和，被迫后撤，受命督办钦廉防务并会办广西边防。中日甲午战争时，奉命率军

北援，驻守镇江。后曾任云南提督。死于 1903 年，终年 85
岁。死后葬于此处。庄严的墓道两旁，排立着石人石兽，石人
手执朝笏，或者按拭宝剑，战马狮麟奋蹄欲跃，还建有石牌
坊，规模宏大。

冯玉祥墓

位于山东泰山西麓。冯玉祥（1882—1948），字焕章，安
徽巢县人。1931 年九一八事变后，主张抗日，后与中国共产党
合作，在张家口组织民众抗日同盟军，任总司令。抗战胜利
后。坚持和平、民主，反对国民党内战、独裁，参与发起组织
中国国民党革命委员会，并当选为中央政治委员会主席。1948
年，由美国回国途中在黑海遇难。1953 年，依照其遗愿迁葬
泰山。

墓为泰山花岗石建筑，坐东朝西，与大众桥相望。墓壁上
有郭沫若题"冯玉祥先生之墓" 7 个大字，下为冯将军浮雕头

像，墓碑上精刻着冯玉祥将军生前写下的墓志铭《我就是我》：

"我，冯玉祥，平民生，平民活，不讲美，不讲阔，只求为民，只求为国，奋斗不懈，守城守拙，此志不移，誓死抗倭，尽心尽力，我写我说，咬紧牙关，我便是我，努力努力，一点不错。"

冯如墓

位于广东省广州市先烈路黄花岗公园内。冯如（1883—1912），广东恩平人，中国第一个飞行家。1909年9月21日，试制成功中国第一架飞机，在美国奥克兰市空试飞，飞高15米，航程2640米，揭开了中国航空历史上的第一页。1911年2月，冯如将他创办的飞机制造公司迁回祖国广州燕塘，致力发展祖国的航空事业。但不幸于1912年8月25日在飞行表演中失事牺牲，遗体葬于黄花岗，后他迁。1980年，在现址重建。墓碑为方形，高约4米，前为"中国始创飞行大家冯君如之墓"，石碑的左右为冯如墓志铭，后为临时大总统孙中山以少将阵亡例抚恤冯如家属及将其事迹宣付国史馆的命令石碑。

兰茂墓

位于云南嵩明县城南 12 公里杨林镇南。兰茂（1397—1476），字廷秀，号芷庵，嵩明杨林人。学问渊博，深通经史，精研医学、理学、诗文等，未应科举，一生教书行医，著述甚多。死后乡人立墓建祠纪念。墓为石砌圆形土冢，高约 2 米，直径约 10 米，坐西向东，现存墓碑为 1936 年所立，碑心题刻"明兰隐君墓"。墓前的兰公祠，清康熙年间重修，现存正殿 3 间，左右耳楼各 3 间，门楼 3 间，中为天井。1982 年，墓和祠均重修，祠内还陈列有关兰茂的文物和资料。

司马光墓

位于山西夏县城北 15 公里鸣条岗。司马光（1019—

1086)，字君实，夏县涑水乡人，世称涑水先生。宝元进士，著有《资治通鉴》《涑水纪闻》等。坟园占地近 3 万平方米，东倚太岳余脉，西临同蒲铁路，司马光祖族多人群厝于此。墓侧翁仲分列。宋哲宗御篆"忠靖粹德之碑"额；碑文为苏轼撰并书，曾没于土中，后于杏树县掘出，遂名"杏花碑"，惜已剥蚀难辨。金代摹刻四石嵌壁，今仍完好。明嘉靖间，特选巨石，依宋碑复制，并建碑亭。东有守坟祠，再东为北宋元丰元年（1078 年）敕牒建香火寺余庆禅院，牒文刻石仍在寺后。寺内有大殿 5 间，殿内现存大佛 3 尊，西壁罗汉 8 尊，为宋塑风格。历代碑石 20 通，记载坟园沿革。

司马太史祠墓

位于陕西韩城市芝川镇南原上，北距龙门 40 公里，东依梁山东麓，西临芝水。司马迁，字子长，夏阳（今陕西韩城南）人，太史令司马谈之子。是我国著名的历史学家、文学家，《史记》的作者。他曾在西汉时任太史，后因为李陵辩解抨击了当代皇帝而遭到宫刑。之后，他忍辱苟活，奋发著书，写下了我国第一部纪传体通史——《史记》，为后代留下了宝贵的文化遗产。后人为了纪念他，修建了司马太史祠墓。祠为4层高台，石级相连。前3台为建筑物，内有寝宫、献殿及宋代所立的司马迁彩色雕塑坐像，形象刚正，不卑不亢，令人肃然起敬。然后过一巨型牌楼，便到后台墓地，有匾额"高山仰止""河山之阳"的牌坊。墓底呈圆柱形，顶部呈锥形，为宋元时砖砌的司马迁衣冠冢。献殿内有古碑林，历代游人，学士凭吊题咏的碑石甚多，其中有一块镌刻着郭沫若的题诗："龙门有灵秀，钟毓人中龙。学殖空前富，文章旷代雄。怜才谓斧钺，吐气作霓虹。功业追尼父，千秋太史公。"高度赞扬了司马迁的宏伟业绩。祠墓始建于西晋永嘉年间，宋代扩建，元代再次修复墓地。整个建筑，气势雄伟，清幽古朴。

老子墓

位于陕西周至县城东南 15 公里的说经台西 6 公里西楼观

山峰下的东北麓，有一个呈椭圆形的墓冢，传为老子墓。墓的面积有 20 平方米，墓前立着清代毕沅书的"老子墓"碑石。老子，春秋末期哲学家，道家创始人。相传姓李名耳，字伯阳，又称老聃。楚国苦县厉乡曲仁里人。

有子墓

位于山东曲阜城南 3 公里的南泉村东。有子，名若。字子有，春秋末鲁国（今属山东）人，孔子学生，七十二弟子之一。其在孔子的弟子中以孝悌闻名，且学习勤奋，被称为"十二哲"。后人在曲阜孔庙大成殿内将其列于十二哲中配祀。墓地南北长 47 米，东西宽 49 米。墓为砖砌八角形，高 2 米。墓前石碑刻"先贤有子墓"，下款刻"七十二代衍圣公孔宪培立石"。

扬雄墓

位于四川郫都区城西南 11 公里的三元场边。扬雄（前

53—18），一作杨雄，字子云，蜀郡成都人，西汉文学家、哲学家、语言学家。据《郫县志》载："杨雄墓，在县西二十里，明郭子章作碑记。"墓冢高数米，圆形，封土若丘山。墓地开旷，东西有农舍竹林环抱，幽静宜人。墓前原有明代郭子章所立碑记，今已毁。前行 0.5 公里的竹垅间，为子云亭旧址。

吉鸿昌墓

位于河南郑州市西郊烈七陵园。吉鸿昌（1895—1934），字世五，又名恒立，扶沟县吕潭镇人。曾任西北军冯玉祥部师长、第三十军军长和宁夏省（今宁夏回族自治区）政府主席。1932 年加入中国共产党。1933 年 5 月联合冯玉祥、方振武等在张家口组织察绥民众抗日同盟军，任第二军军长兼北路前敌总指挥。失败后在北平（今北京）、天津一带从事抗日活动，1934 年 11 月 9 日在天津被捕，24 日在北平就义，葬于吕潭镇鸿昌学校花园内，1974 年移葬郑州烈士陵园。墓位于陵园正中，用水泥砌成长方形，墓前立一石碑，碑首嵌有吉鸿昌烈士瓷像。1984年在距墓冢90米处建立纪念碑和纪念亭。纪念碑上镌刻胡耀邦题写的"吉鸿昌烈士纪念碑"大字。园内松柏翠绿，庄严肃穆。

光华铺红军烈士墓

位于广西壮族自治区兴安县城与界首镇之间。为纪念在光华铺阻击战中光荣牺牲的革命烈士而建。中国工农红军长征开始后，在广西兴安、灌阳、全州同敌人浴血恶战，以极大的代价，突破了敌人的第四道封锁线——湘江。湘江战役中的主要阻击战，其中之一就在光华铺展开。红军在这里与敌人血战三天两夜，最后完成了阻击任务。1987年元旦决定建烈士墓。国防部长张爱萍为烈士墓题词："革命烈士永垂不朽。"

朱丹溪墓

位于浙江义乌市东朱乡东朱山墩庵。朱丹溪（1281—

1358），字彦修，名震亨，义乌赤岸人，住丹溪畔，学者尊称为"丹溪翁"。自幼学医，医术蜚声国内，冠绝一时，著有《局方发挥》《格致余论》《伤寒论辨》等著作。在我国医学史上占有重要地位，与元素、张从正、李东垣并列为金元四大家。至今在国际上仍享有崇高的声誉，日本专门设立丹溪学社，从事丹溪医学理论的研究。原墓与妻、长子合墓。乾隆年间和民国35年都曾重修。今墓于1982年由县有关单位集资重建。著名书法家沙孟海写了墓碑碑文："无名医朱丹溪墓。"

朱权墓

位于江西新建区西山潆源村西约0.5公里处。朱权（1378—1448），明太祖第十六子，世称宁献王，明代戏曲家。成祖即位，改封南昌，筑精庐一区，鼓琴读书，日与文人学士相往来，自号仙，又号大明奇士、涵虚子、丹丘先生等。涉猎群书，著有《汉唐秘史》等数十种；尤精戏剧、音乐、著杂剧

12 种，及《琴阮启蒙》《神奇秘谱》《太和正音谱》等。传朱权迁南昌后，于 60 岁时在此营墓，死后葬于内。墓前原有南极长生宫，为朱权建，已废。墓用青砖砌成，仰顶为卷拱式，建造雄伟。大门为插板式，墓门有斜坡自上而下。墓内出土有金钱、玉带、山道冠、木俑及瓷器。全墓雄壮宏大，墓前原有牌坊，现仅存石华表两幢。

朱执信墓

位于广东广州先烈路驷马岗。朱执信（1885—1920），原籍浙江，生于广东番禺，中国著名的民主革命家。1911 年参加辛亥广州起义，力战负伤。辛亥革命后，追随孙中山，坚持革命。1920 年赴虎门，策动该地驻军讨伐盘踞广东的军阀莫荣新，于同年 9 月 21 日被反动派军阀刺死于虎门。遗体于 1921 年 1 月 16 日葬于广州市先烈路驷马岗，墓园绕以崇垣，丰碑高耸，以资景仰。墓园宽广肃穆，门楼内树木葱茏，墓碑为孙中山手书，巍巍的柱形墓表铭刻一生功勋。1936年秋，因发现墓地有白蚁，将遗骸迁葬广州市执信路执信中学内，原墓仍埋存衣冠。

朱铁群烈士墓

位于浙江绍兴东12.5公里的樊江乡南池村。朱铁群（1915—1941），安徽人。上海复旦大学学生，中国共产党党员。1940年8月到绍兴工作，曾任中共绍兴县工委领导的塘北抗日自卫队队长。1941年8月，为掩护同志，与其他3位战友在皋埠后堡战斗中英勇牺牲。为纪念烈士，樊江人民当年在后堡梨园建墓。墓呈长方形，长4米，宽3.4米，高1.4米。墓前石碑正面（南面）刻"先烈朱、胡、叶、陈四位先生合墓"。

朱瑞将军墓

位于黑龙江省哈尔滨市烈士陵园。朱瑞将军（1904—

1948），江苏省宿迁县人，东北人民解放军炮兵司令，中国共产党的优秀党员，人民军队的优秀指挥员。1926年，考入广州大学不久，被组织派往苏联莫斯科炮兵学校学习。1928年，转为中国共产党党员。1930年，回国后在中央军委工作。1932年去江西苏区，曾任红军学校政治部主任、红五军团政治委员、红一军团政治部主任。参加长征到达陕北后，任一二〇师政治部主任。抗日战争开始时，调北方局工作，曾任山东分局书记，是党的七大代表。1945年，任炮兵学校校长。抗日战争结束后，率炮校来东北，任东北人民解放军炮兵司令兼炮校校长。1948年秋，在辽沈战役中，他率领炮兵部队，紧密配合兄弟部队战斗，仅用4个小时就解放了义县，全歼该城守敌1万余人，创造了攻坚战中迅速歼敌的新纪录。战斗刚结束，在亲临战场察看突破口时，不幸壮烈牺牲。党中央发出唁电，指出他的牺牲"实为中国人民解放事业的巨大损失"。为了纪念朱瑞将军，中央军委决定，将东北炮兵学校改为朱瑞炮兵学校。同年11月灵柩运此安葬。墓碑上书"朱瑞将军墓"5个大字。

碑中部四周雕刻着花环，基座正面镌刻着朱瑞将军生平。为纪念朱瑞将军牺牲 40 周年，缅怀其为党为人民，为人民炮兵部队建设所做出的卓越贡献，于 1988 年 10 月 6 日特将将军半身铜像置于墓前。

朱熹墓

位于福建建阳市黄坑乡后塘村，背靠九龙山之九龙岗。旧时有两孔喷泉从岗前涌出，舆地家称为龙归后塘，墓地系朱熹生前所选。南宋庆元六年（1200 年）3 月，朱熹病卒建阳考亭，11 月 13 日与夫人刘氏合葬于此。墓坐西向东，顶为圆丘形，周壁以鹅卵石垒砌，后立石碑，上书"宋先贤朱子、夫人刘氏墓"，墓前有石供桌、石香炉、拜坛和石望柱一对，形制较简朴。附近有"文武百官至此下马"和清乾隆年间所立的禁止在墓田放鸭石碑。另有神道碑，竖于距墓 1 公里处的虎头山坳。

伍廷芳墓

位于广东广州市先烈路。伍廷芳（1842—1922），字文爵，号秋庸，广东新会人，近代法学家。留学英国伦敦，回国后在香港任律师、法官兼立法局议员。后多次参与外事谈判，任驻外大使、修订法律大臣等，主持拟定《民刑律草案》。辛亥革命后任南京临时政府司法总长、北洋政府外交总长、广州护法军政府外交部部长兼财政部部长等职。1922年6月16日陈炯明叛变，伍廷芳于翌日登上永丰舰接受孙中山指示，通告各国领事严守中立，勿助叛军。不幸此时病发，23日在广州去世。1924年建墓，以花岗石砌圆顶碑亭。

全祖望墓

位于浙江宁波市南郊王家桥。全祖望（1705—1755），浙江鄞县人，字绍农，号谢山。清史学家、文学家。性秉直，学问渊博，推崇黄宗羲，研究宋元及南明史事。尤多搜集典籍及乡邦文献、金石旧拓，编集校订。曾续修《宋元学案》、七校《水经注》、三笺《困学纪闻》。著有《鲒埼亭文集》。基地四季常青，环境幽雅。西首是神道石坊，基坐北朝南，长8米，宽4.8米，用石砌筑。墓前石上刻"谢山全太公墓"6个大字。

华侨五烈士墓

位于广东广州先烈中路。1922年6月，军阀陈炯明在广州发动叛乱，炮轰孙中山总统府。爱国华侨谢八尧、邓伯曜、郑行果、谭振雄、范运焜5人激于义愤，共谋刺杀陈炯明，不幸于7月16日被捕，不久先后遇害。广州人民殓尸草葬于白云山。1924年10月10日，国民政府迁葬于先烈中路。墓道修长，入口处立石坊，墓碑呈四方形，造型端庄，正面有孙中山亲笔题字："五烈士墓"，并碑刻五烈士事迹。

华彦钧墓

位于江苏无锡锡惠公园内。华彦钧（1893—1950），小名阿炳，江苏无锡人，现代民间音乐家。出身贫寒，少年时从其父华清和学习音乐，后因双目失明，沦为流浪艺人，人称"瞎子阿炳"。其演奏风格清新、表情深切，技法上有很大的创造性。传谱有二胡曲《听松》《二泉映月》《寒春风曲》和琵琶曲《大浪淘沙》《昭君出塞》《龙船》等。墓为一圆形土丘，高约1.5米。墓前是一较大的拱券，下为水泥碑石，上刻"民间音乐家华彦钧之墓"。墓为近年所修，以纪念这位深受人民喜爱的民间盲人音乐大师。

庄子墓

位于河南民权县城东北30公里的顺河集东1.5公里庄周

故里清莲寺村附近，距庄周胡同 6 公里左右。庄周（约前36—前280），宋国蒙（今安徽蒙城）人，战国时思想家。其曾任漆园（在今涡河北岸）吏，学说上继承和发展了老子、杨朱的理论，把"贵生""为我"引向"达生""忘我"，归结为天然的"道""我"合一；思辨方法上，把相对主义绝对化，转向神秘的诡辩主义。《汉书·艺文志》著录有《庄子》52篇，现存32篇，道家称《南华真经》。其墓系一土冢，为后人所建，墓前尚存宋代残碑，字迹风蚀难考。《考城县志》载邑人张良珂《庄周墓怀古》云："读罢南华锦绣文，焚香礼拜庄周坟，贤愚自古皆羽士，谁似先生百世闻。"

庄亨阳墓

位于福建南靖县上洋埔山后垄。庄亨阳（1686—1746），字复斋，南靖奎洋人，官至中宪大夫、滩徐江南抚道。毕生研究文学、水利、数学。编纂《河防算法》等书，系统介绍江南一带水文概况，对治淮有一定的贡献。清乾隆十一年（1746），徐州洪涝灾情严重，庄亨阳竭尽心力救抚，死于任上。同年3月，归籍安葬。墓碑为文华殿大学士、吏部尚书加太予少师蔡新题，礼部侍郎、三札馆总裁方苞作墓志铭。墓周环绕苍松翠柏，庄严肃穆。

刘过墓

位于江苏昆山区马鞍山东麓。刘过（1154—1206），字改之，号龙洲道人，江西泰和（一说吉安）人，南宋豪放派词人。卒后葬此，并立祠于墓东东斋之侧。东斋原为南朝梁惠聚教寺僧舍，宋元以后改为刘过祠。1933年在原址重建，有中厅、两厢及走廊，祠后一片竹林，祠中尚存《宋刘龙洲先生遗像并记》石碑，并立隶书《庐陵处士龙洲刘先生之墓》花岗石墓表在墓前。

刘伶墓

位于山东枣庄市中区王庄乡冯刘曜村。刘伶，沛国（今江苏沛县）人，魏晋间名士，为"竹林七贤"之一。据《峄县志·晋建威参军刘伶墓记》载，伶"时乘鹿车携酒，使人荷锸以随，曰'死便埋了我'。其遗形骸如此。尝为建威参军，以寿终于峄东北刘曜村，有公墓存焉"。刘曜村晋时属兰陵郡，距沛县仅百余里。此处山清水秀，景色优美，刘伶常携酒来游，乐而忘归，后寿终于此。《晋书》载，伶"尝游兰陵山水间，峄东北今有刘伶台及墓在"。刘伶墓系子午向，前有石碑一通，为明万历十九年（1591）闰三月贾梦龙、潘愚、贾三进篆刻的碑文，额镌"晋建威参军"，已不存。刘伶墓东南方（即陈刘曜村南0.5公里许）有刘伶古台。原土台阔数亩，高3米余，依山傍水，景色秀丽，相传为晋代建威参军刘伶饮酒处。后因修建水库，取其土筑坝，台被毁殆尽。台左原有刘伶碑，今已无存。

刘英烈士墓

位于浙江永康方岩永方公路旁，程氏宗祠西侧。刘英
（1903—1942），江西瑞金人。1929 年加入中国共产党，1939
年任中共浙江省委书记。1942 年 2 月，由于叛徒告密，被国民
党反动派逮捕。他大义凛然，严刑不屈。同年 5 月 13 日，在
浙江永康方岩程氏宗祠后面山坡英勇就义。墓 1953 年修建，
1982 年重修。墓的四周砌成圆形，前面立墓碑，两侧设墓柱。
墓地四周青松常绿，远处群山叠翠。附近方岩奇峰拔地，绝壁
千尺，气象雄伟。

刘英俊烈士墓

位于黑龙江省佳木斯市。刘英俊，吉林省长春市人。中国

人民解放军沈阳部队某部战士。1962年6月入伍。1966年3月15日早晨，他驾炮车到佳木斯市执行任务，在公共汽车站附近，辕马被汽车喇叭震惊，突然调头向后飞跑。这时正是工人上班，学生上学的时候，惊马拖着炮车向人群冲去，刘英俊紧紧拉住缰绳，用肩猛扛惊马的脖子，使马车拐上一条小路，但前面仍有6名被惊马吓呆了的儿童，在千钧一发之际，他猛拉马缰，趁马前蹄腾空的机会，手撑辕杆，伸双脚猛踹马后腿，使马车翻倒。6名儿童得救了，但刘英俊却身负重伤，经抢救无效，光荣牺牲，时年21岁。为缅怀刘英俊烈士，佳木斯市政府和人民在市内修建了烈士墓。墓为水泥结构，圆顶，墓前阴刻"刘英俊烈士之墓"；墓后建一卧碑，上书"人民的好儿子"6个大字。墓前建树一英雄全身塑像，基座刻烈士英勇事迹及生平。

刘昆涛墓

位于湖南长沙市岳麓山云麓宫下。是一石砌圆墓，墓碑高

6.8 米，碑文为："刘公昆涛之墓"。碑座刻有"护法元勋"4个字。刘建藩（1887—1918），字昆涛，湖南醴陵人。保定陆军学校骑兵科毕业。同盟会员。辛亥革命前，任广西新军骑兵营管带。1911 年武昌起义后，参加援鄂桂军。1912 年，任南京第八师骑兵团长。1918 年，北洋军张敬尧部犯湘，拒之于平江、醴陵等地，连战皆捷。5 月 5 日在株洲附近冒雨追击北军时，不幸落水阵亡。1920 年迁葬于此。

刘基墓

位于浙江文成县南田区西北夏山。刘基（1311—1375），明初大臣。字伯温，青田（今属浙江）人。元至顺进士，曾任江西高安县丞、江浙儒学副提举、江浙行省都事等职，与石抹宜孙守处州（今浙江丽水），镇压农民起义。因反对招抚方国珍，弃官回乡，著《郁离子》以见志，并组织武装，与方国珍对抗。至正二十年（1360）被朱元璋召至应天（今江苏南京），陈时务十八策，并建议脱离韩林儿，又为策划用兵次第。此后被陈友谅，取张士诚，北伐中原，略如其谋。朱元璋称帝后，奏立卫所军制，并请严肃法纪，令御史纠劾无所避。初任御史中丞兼太史令。洪武三年（1370 年）封诚意伯。次年辞官回乡。后为胡惟庸所谮，忧愤而死。一说被胡惟庸毒死。能诗文，与宋濂齐名。著作有《诚意伯文集》。墓前立有"明开国太师刘文成之墓"石碑一方。

刘道一墓

位于湖南长沙市岳麓山青枫峡上。墓呈圆形，石砌茔围，占地面积为 110 平方米。其夫人曹庄与之合葬。现墓周枫林掩映，保存完好。刘道一（1884—1906），字柄生，原籍湖南衡山，生于湘潭。1903 年冬加入兴华会。次年 3 月留学日本，入清华学校。1905 年 8 月加入同盟会，任书记、干事等职。1906年受命回湖南策划武装起义。同年 12 月 4 日，萍、浏、醴起义爆发，在长沙策动新军响应，为清政府发觉被捕，遭严刑拷打而不屈，12月31日，在长沙浏阳门外就义。1912年3月，由南京临时政府追认为烈士，从湘潭迁葬于此。刘道一牺牲后，孙中山先生曾赋诗赞曰："半壁东南三楚雄，刘郎死去霸图空。尚余遗业艰难甚，谁与斯人慷慨同。塞上秋风悲战马，神州落日泣哀鸿。几时痛饮黄龙酒，横揽江流一莫公。"

刘智墓

位于江苏南京市花神庙毛家巷回族公墓内。刘智（1660—1745），字介廉，晚年自号一斋，回族，江苏南京人，清代著名伊斯兰教著译家。其终生研究伊斯兰教，译著多达数百卷。以《天方典礼》最著名，被收入《四库全书》。墓前有清光绪、宣统年间重修碑记3通，石柱1个，华表1个。石椁已用水泥加固，几经修缮，保存完好。

许慎墓

位于河南郾城区城东 10 公里许庄。墓为一土冢，高约 4 米，底径约 14 米。许慎（约 58—约 147），字叔重，汝南召陵（今郾城）人。东汉经学家、文字学家。曾任太尉南阁祭酒，博通经籍，著《说文解字》。清康熙四年（1665）郾城知县温德裕在墓前立"汉孝廉许公之墓"碑。光绪年间再立碑铭，记其事迹。今墓冢尚存。

米芾墓

位于江苏镇江市黄鹤山。米芾（1051—1107），初名黻，字元章，号襄阳漫士、海岳外史，吴（今江苏苏州）人，一说山西太原人，北宋书画家。历任雍丘知县、知涟水军、太常博士、知无为军、书画学博士、礼部员外郎，人称米南宫。因举止癫狂，又称米癫。行草得壬献之笔意，用笔俊迈，与苏轼等并称"宋四大家"。画山水人物，多用水墨点染的泼墨法，自成一家。著作有《书史》《画史》《泉章待访录》等；存世书法有《苕溪诗》《蜀素》《虹县诗》等；画迹《溪山雨霁》《云山》等乃后人所作。传米芾居镇江时，十分喜爱南郊的鹤林寺，曾说死后愿做鹤林寺伽蓝护寺。后人将他葬在鹤林寺前的黄鹤山下（一说在市西南10公里的长山脚下）。今墓前石碑坊，墓碑已圮，尚存墓冢，周围植有常绿树。

关天培墓

位于江苏淮安县城东周家庄东南。关天培（1781—1841），字仲因，江苏山阴（今淮安）人，清末将领。在任广东水师提督时支持林则徐禁烟。指挥广东水师多次打退英国侵略军的进攻，在靖远炮台率孤军奋战，因寡不敌众，壮烈牺牲。他的亲随孙长庆将其遗骸护送回淮安埋葬，并在县城东街建立祠堂以祀之。墓葬在一个直径 30 余米盘状的大土堆上，有坟冢和墓碑，白色的碑刻上题有"关忠节公天培之墓" 8 个字。墓旁小桥流水，墓地苍松翠柏。

关汉卿墓

位于河北省安国市伍仁村。1985 年 5 月落成。关汉卿，元代伟大戏剧家、世界文化名人。号已斋叟，大都（今北京市）人。约生于金末，卒于元大德时或其后。曾任太医院尹。一生从事戏曲创作活动，曾任杂剧作者团体"玉京书会"之首。不仅能编剧，且能"躬战排场，面敷粉墨，以为我家生活，偶倡优而不辞"（明臧懋循《元曲选》序）。所做杂剧今知 60 余种，现存《窦娥冤》《救风尘》《拜月亭》《调风月》《望江亭》《单刀会》《蝴蝶梦》《玉镜台》《金线池》《谢天香》《绯衣梦》《西蜀梦》《哭存孝》等 13 种。《哭香囊》《青衫记》《孟良盗骨》3 种仅存残曲。作品大都以社会下层人物为主人公，揭露社会腐败和封建统治罪恶，并成功塑造窦娥、赵盼儿、王瑞兰、燕燕、谭记儿等多种典型的妇女形象，对她们的反抗精神和所受苦难，给予歌颂和同情。所做剧本结构完整，人物性格鲜明，情节曲折生动，曲词质朴精炼，艺术造诣深厚。对元杂剧和后来戏曲的发展影响很大。与马致远、白朴、郑光祖并称"元曲四大家"。另有散曲作品 10 余套，小令 50 余首。所做杂剧，新中国成立后收入《关汉卿戏曲集》。著名的《窦娥冤》《望江亭》等优秀剧目在国内外有深远影响。1958年，世界和平理事大会把关汉卿列为世界文化名人。1984 年，新建具有元代风格的牌楼样式的墓碑，古朴、美观、大方。

汤和墓

位于安徽蚌埠市东郊曹山。汤和（1326—1395），字鼎臣，濠州（今安徽凤阳）人，与明太祖朱元璋为同乡好友，元末随朱元璋起义，屡建战功，封信国公，死后追封东瓯王。墓面对龙子河，背负曹山峰。墓室是一座依山构筑的砖石单券式建筑，高3.6米，宽3.96米，面积约40平方米。墓南神道，长225米，有神道碑和石雕的马、羊、狮、武士，雕刻线条流畅粗犷，为明初石刻中的精品。现已划入蚌埠市的龙湖公园。

江上青烈士墓

位于安徽省东北部小湾。江上青烈士，江苏扬州人。1911年4月，生于一个普通的职员家庭。1928年加入共青团，1930年加入中国共产党。他先在上海艺术大学文学系学习，后转入暨南大学专攻社会学。他曾先后在南通、上海等地投身学生运动。多次被捕，多次遭受敌人的严刑拷问和"陪斩"的恐吓，始终不屈不挠，保守党的机密。在狱中他写下一篇篇动人心弦的诗歌，激励自己和难友们"熬过悠长午夜，走向黎明"，经历了两年狱囚生活，带着一身病伤获释出狱。出狱后在仪征、扬州以国文教员的公开身份，继续宣传革命。1937年，七七卢沟桥事变后，他组织创办《阅读与写作》周刊、《抗敌》周刊，宣传党的抗日方针。扬州沦陷前夕，他组织了江都文化界救亡会流动宣传团，到安徽六安等县，进行抗日宣传，扩大了党的影响。此后，他创办了《皖东北日报》。在他的主持下，创办了皖东北抗日军政学校，由原国民党六安县县长，后任第六行政专署专员，保安司令盛子瑾任名誉校长，他任副校长，培养了大批干部。同年，在小湾事变中遭敌暗害牺牲，生前任中共皖东北特支书记。江上青烈士墓，朴素雄美，墓碑矗立。墓碑正面镌刻着前国防部长张爱萍同志题字"江上青烈士之墓" 7 个大字，碑背面镌刻着他的传略。

汝阴侯墓

位于安徽省阜阳县城郊公社罗庄大队双古堆，距阜阳市中心约 3 公里。汝阴侯，西汉开国功臣夏侯婴的封号，夏侯婴的生平不详，卒于公元前 172 年，江苏沛县人，少时与汉高祖刘邦相善，随刘起兵，转战各地，屡建奇功，高祖六年（前201）封汝阴侯，历任太仆。死后葬于丰邑（阜阳即汉代汝阳），1979年发现并挖掘。墓封土高约20米，东西长约100米，南北宽约60米至70米。出上文物有"汝阴侯"铭文，同时出土的秦相李斯所作《苍颉篇》以及残篇《诗经》《刑德》等竹简，极为珍贵。

红四方面军烈士墓

位于四川通江县沙溪王坪。1933年冬，四川军阀刘湘六路围攻川陕革命根据地时，下坪地势险要，红四方面军曾将总医院设于王坪。为了悼念住院牺牲的烈士，总医院医务人员于1934年在院旁修建烈士陵团。烈士碑高4.2米，碑身正面刻有镰刀斧头，碑额横刻"万世光荣"4个字，中问竖刻"红四方面军英勇烈士之墓"，两旁刻对联："为工农而牺牲，是革命的先驱"。墓碑两侧各刻长枪2支，短枪1支。碑座正面刻有镰刀、斧头、五角星、手枪、谷穗和向日葵等图案。红四方面军撤离王坪后，地主还乡，强迫农民打碎烈士碑，农民奋夜埋藏此碑于屋后。新中国成立后重竖原碑于墓前。

红军坟

位于贵州遵义老城小龙山上，邓萍将军墓右后侧。青石砌嵌，圆形。红军 1935 年 1 月进入遵义后，发现城南 5 公里桑木垭疾病流行，即派出医务人员前往诊治。一日深夜，卫生员救治回城，见部队已转移，在追赶途中，被暗藏的地主武装枪杀。桑木垭人民悲痛万分，将其遗体安葬路边，四时祭扫，烟火不断。反动派 3 次派人挖坟，在群众的保护下，未能得逞。为便于人民群众祭扫红军坟，1954 年，墓由桑木垭迁葬小龙山上。

红色战士公墓

位于武汉市汉阳龟山。1987 年 3 月 31 日迁建落成。这座公墓是为大革命失败后牺牲的数百位烈士（其中有夏明翰、李汉俊等）修建的。1927年，蒋介石叛变革命，屠杀共产党人，当时海员工人、共产党员陈春和乘夜半无人时，抢收烈士遗体。用小木船运往汉阳六角亭安葬，墓前立"红色战士墓"短碣，以便识别。陈经手安葬的共有数百人，均登记于手册之中。这些烈士的遗骨后因修建长江大桥，迁至汉阳西郊扁担山。为缅怀先烈，教育后代，1986年3月，武汉市人大代表七届四次会议上，代表们建议在烈士牺牲60周年前，将烈士遗骨迁回龟山。墓前立有全国人大常委会委员长彭真题写的"红色战士公墓"墓碑一通，反面镌刻着《红色战士公墓记》：

此地安葬着为中国革命英勇献身的先烈。他们是土地革命战争时期，被国民党反动派杀害的中国共产党人和革命群众。

1927年7月15日，以汪精卫为首的国民党右派集团在武汉公开叛变革命，提出"宁可枉杀一千，不使一人漏网"的血腥口号，疯狂屠杀共产党人和革命群众。面对白色恐怖，共产党人毫无畏惧，他们以"砍头不要紧，只要主义真"的英雄气概，领导武汉各界革命群众，前仆后继，与敌人进行顽强斗争。先后壮烈牺牲在国民党反动派屠刀下的革命者达数千人。向警予、夏明翰、黄五一、任开国、魏人镜、马骏三、黄赤光、邓雅声、李汉俊、詹大悲、何羽道等是其中著名者。

烈士们牺牲后，遗体有的由家属亲友认领安葬，有的无人认领，一部分由社会慈善部门安葬；还有一部分则是共产党员、海员工人陈春和同他的舅弟王斋公冒着生命危险，在夜深人静时秘密收殓的。当时安葬于汉阳龟山西麓补乾亭附近并记录了烈士英名。其后，陈春和、王斋公亦被国民党反动派杀害，烈士名单遗失。仅知该处安葬着数百位烈士，其中有优秀共产党员向警予、马骏三、赵世当、陈其科等，后人缅怀这些先烈，称他们为"红色战士"。

1955年，因建长江大桥将烈士忠骨移葬于汉阳扁担山。1978年，向警予烈士牺牲五十周年之际，中共湖北省委和武汉市委决定，在汉阳龟山西首修建向警予烈士墓。1986年10月，武汉市人民政府将红色战士公墓迁移至此，并立碑永志纪念。

孙占元烈士墓

　　位于辽宁沈阳抗美援朝烈士陵园内。墓为水泥构成，呈圆形。墓前立有花岗岩石碑，碑的正面刻有"烈士孙占元之墓"7个大字；墓碑背面镌刻着中国人民志愿军第十五军军长秦基伟、政治委员谷景生1955年5月14日签署的碑文："中国人民志愿军第十五军四十五师一百三十五团一级战斗英雄孙占元同志二十七岁，河南省林县四区三弓水村人，共产党员。幼时家境贫寒深受剥削与压迫于一九四六年翻身之始即毅然入伍后，又志愿参加抗美援朝战争，参军以来工作积极，作战勇敢，生前任职排长。因能与士兵同艰苦共患难，曾获好排长之誉。在一九五二年十月举世闻名之上甘岭战役中，孙占元奉命率突击排冲向敌人打开冲锋道路，夺回暂被敌人抢占的前沿阵地当。他指挥掩战士连续炸毁三个机枪火力点之后不幸伤断双腿，他忍受痛苦，从血泊中挣扎着继续前进吸引敌之火力掩护战士，炸毁敌最后之火力点当七个迂回上来的敌人逼近时，这个无畏的巨人高举手榴弹滚入敌群，高呼共产党万岁，将敌人全部炸死，自己也壮烈牺牲。冲锋的道路很快打开，我反击部队从各个阵地一齐冲上山来，一个营的敌人被我军大部歼灭，前沿阵地又全部恢复。为表彰孙占元同志高度的自我牺牲精神和机智灵活的战斗作风，发扬人民战士为祖国为和平事业而蔑视敌人，压倒一切的英雄气概，志愿军首长特决定追授孙占元以特等功臣一级战斗英雄及模范共产党员的光荣称号。朝鲜民主主义人民共和国最高人民会议常任委员会并授予共和国英雄的光荣称号，和一级国旗勋章金星奖章各一枚。孙占元烈士之英雄形象将流芳千古永志人心。"

孙叔敖墓

位于湖北沙市市中山公园东北隅。孙叔敖，春秋时期楚国胡思（今河南淮滨东南）人。蔿氏，名敖，字孙叔，官令尹。主意兴修水利，发展经济，楚庄王十七年（前597）辅助庄王指挥楚军，大胜晋兵，为楚代晋称霸奠定了基础。死后葬于楚郢都附近之白上里。清乾隆二十二年（1757），宜施道来谦鸣于此立碑，上题"楚令尹孙叔敖墓"。今冢墓封域高4米，周长约80米。冢下碧水环流，冢上绿树遮掩，环境清幽宁静。

阮籍墓

位于江苏南京城内西南角花盝北岗19号第四十三中学内。此墓为后人所立阮籍衣冠冢。阮籍（210—263），字嗣宗，陈留尉氏（今河南开封）人，三国魏文学家、名士。博览群书，尤好老庄，主张把自然和封建名教相结合。曾任步兵校尉、散骑侍郎，封关内侯，常纵酒佯避祸，为"竹林七贤"之一。有咏怀诗80余首，为世所重。他在登广武观楚汉作战处时留下了"世无英雄，遂使竖子成名"的千古名句。另有《达庄论》《大人先生传》等。原有集 10 卷，已失，后人辑有《阮嗣宗集》。据记载：明万历间，李昭掘得石碣，有"晋贤阮"三字，又得半段曰"籍之墓"，因此断定系阮籍衣冠冢。现有墓冢、墓碑，碑书"光绪二十四年（1898）仲冬，先贤阮公讳籍字嗣宗。记名提督江南江宁口守协镇杨金龙，记名提督山西大同挂印总镇刘光才，凤游寺主持慧莲玄"字样。

杜文秀墓

位于云南大理旧城东南约 5 公里的下兑村。墓为长方形，南北向，长约 1.5 米，宽约 0.7 米，高 0.7 米。四周用青石镶嵌，墓顶为屋面形，大理石墓碑。原碑立于 1917 年，新中国成立后重立，碑正中书"杜文秀之墓"，右书"原命生于道光癸未年十一月初八日"，左书"大限卒于同治壬申年十一月二十六日"。杜文秀（1823—1872），清末云南起义军首领。云南永昌（府治今保山）人，字云焕。1856 年 8 月，率滇西起义军，攻占大理县城，建立以大理为中心的起义政权。被推为总统兵马大元帅。起义军全盛时期曾攻占云南省 53 县。1872 年清军破大理，杜文秀自杀，其遗体被下关村民收葬。

杜预墓

位于河南偃师县城西北的首阳山下杜甫墓侧。因其为杜氏先祖，其后代杜甫等墓均傍其墓而建。杜预（222—284），字元凯，京兆杜陵（今陕西西安东南）人，西晋经学家、将领。曾任镇南大将军，灭吴，封当阳县侯。博通经史，著有《春秋左氏经传集解》《春秋释例》《春秋长历》等。其中《集解》是《左传》注解流传至今最早的一种。收入《十三经注疏》中。由于年代久远，其墓已圮，尚存墓碑。

苏禄国东王墓

位于山东省德州西北门外的北营村，它是中国和菲律宾两国友好的历史见证。这里埋葬着苏禄国（即现在的菲律宾）东王的尸体，在柏树森森的墓地前面，有两排雕刻雄浑的石人石马立像。苏王坟前有高大碑楼一座，内有明成祖朱棣手书的"御制苏禄国东王碑"，碑文上详细记载了 15 世纪初苏禄国东王等 300 多人远涉重洋，来到北京贡献礼品、珍宝、玳瑁等，受到了明成祖的热烈欢迎，并"特加宴尝，赐以印章，封以王爵，赐衮衣、冠带、鞍马、仪仗、黄金、白银等"。返回苏禄国途中，东王在德州逝世，明成祖大惊，特举行隆重葬礼，亲撰碑文，封其长子都麻含继承王位，又令王妃、次子和三子留居中国，留守陵墓。东王墓高约 7 米，占地面积 240 平方米，在墓东南方，有王妃葛葛木宁和两个儿子的陵墓，也都保存完好无缺。东王墓象征了中菲人民源远流长的友谊，受到了我国历代名人的景仰和崇敬。明、清两代很多诗人都来此瞻仰，写下了不少缅怀东王的诗，其中爱国诗人顾炎武的诗尤为感情深沉。现在的东王墓所在地北营村，有十多户系东王的后代，村内人们信奉伊斯兰教。菲律宾驻我国大使也曾来这里瞻仰了东王墓，并访问了东王后代的家庭，了解其生活情况。

李广墓

坐落在甘肃天水市文峰山山腰。李广是抗御外侮而名震四方，功垂千古的西汉民族英雄。陇西成纪（今甘肃天水，原成纪县治约在今天水市和秦安县之间）人。今天水市西关"飞将巷"，相传为李广故里。汉孝文帝十四年，李广从军，在40年代戎马生涯中与匈奴作战70余次，勇猛矫捷，精善骑射，屡建奇功。曾任陇西、北地、雁门、云中太守。在驻守右北平期间，匈奴称为"汉之飞将军"，以至数年不敢侵犯边境。李广为人廉洁，平时和士兵同甘共苦。据《史记》载："广之将兵，乏绝之处（粮水缺乏的地方），见水，士卒不尽饮，广不近水；士卒不尽食，广不尝食。"元狩四年，李广在一次征战中，迷道误期，他掣开激愤的锋刃自刎于沙场。李广死后，遗体不知葬于何处，人民为了纪念这位陇上名将的卓越功勋，在他的故乡天水修墓，墓址在天水市城南郊文峰山山麓。冢堆高大而雄伟，坟茔前是方形尖顶墓塔。塔后紧依着巨大的半球形坟堆，周砌青砖，青草封顶。墓前有一石碑镌刻有"汉将军李广之墓"7个字。据考证，此墓是李广的"衣冠冢"，里面放着他的衣物和宝剑，以寄托人民的哀思。据传以前李广墓前尚有石马等，所以李广墓所在地又名"石马坪"。在我国古代的诗词歌赋中，有不少与李广有关的作品，如卢纶的"林暗草惊风，将军夜行弓。平明寻白羽，没在石陵中"；高适的"君不见沙场征战苦，至今犹忆李将军"；王昌龄的"但使龙城飞将在，不教胡马渡阴山"等，都是颂扬李广的赫赫战功的。而李颀的"卫青不败由天幸，李广无功缘数奇"和王勃的"时运不济，命运多舛""冯唐易老，李广难封"的感叹，又表达了后世人们对这位功高望重的西汉名将和抗击异族侵略的民族英雄的同情。

李元阳墓

位于云南大理市旧大理城西北崇圣寺西南隅草坪上。李元阳（1496—1580），字仁甫，别号中溪，云南大理人，明代学者。嘉靖进士，历官荆州知府、监察御史，颇有政绩。晚年回里，研究民情风俗，重修崇圣寺及三塔等，对地方文化有贡献。原墓宽敞，周有石砌围栏，墓顶砌筑宏伟，叠檐飞角，门内有石桌、石凳，墓坐北朝南，两侧置有石人、石马、石象。现墓冢已毁。仅存一土堆，前有近人所立李元阳墓冢标识碑。

李文忠墓

位于江苏南京市太平门外。李文忠（1339—1384），字思本，小字保儿，盱眙（今属江苏）人。明初将领。朱元璋的外甥，一度姓朱。参加元末农民起义军，19岁为将，骁勇善战，多次出击，重创元军，战功卓著。特晋荣禄大夫、右柱国、大都督府左都督，封曹国公，还掌大都督府兼领国子监事。后因劝说朱元璋少杀人，忤旨被责。洪武十七年卒，追封岐阳王，葬钟山之阴，谥武靖，配享太庙、肖像功臣庙，位皆第三。现墓尚存碑2通，翁仲4个，石虎2个，石马及马侠各2座，石柱2座。石雕古朴浑厚，生动逼真。

李公朴衣冠冢

位于云南昆明市昆明师范学院东北隅的一二·一运动四烈士墓后。李公朴（1900—1946），原籍江苏扬州。生于镇江，现代教育家。大学毕业后，长期从事教育工作。抗日战争时期，致力抗日救国运动和群众文化教育，曾在昆明创办北门书屋，出版发行进步作家作品，并在西南联大执教。李公朴因参加爱国民主斗争，1947年7月11日在昆明被特务杀害，遗体火化后，其衣冠原葬昆明西山，近年迁今址。墓前立有"李公朴先生之墓"碑，碑阴镌"一九八〇年三月二十六日由西山迁至师院"。

李白墓

位于安徽当涂县青山（又名谢公山）西麓。唐上元二年

（761年）伟大诗人李白由金陵（今南京）第七次游当涂，依他的族叔、当涂县令李阳冰，次年因腐胁疾卒于当涂，葬于龙山东麓。与龙山隔河相望的青山，是南齐名诗人谢朓常游之地，李白甚慕之，并在这里营宅以居。唐元和末年，李白好友范伦之子、宣歙观察使范传正，访得李白两孙女，知李白临终志在青山，遂将墓迁于此，并亲撰碑文立《唐左拾遗翰林学士李公新墓碑》于墓前。墓旁建李白祠，内陈列李白画像及历代竭墓怀古诗词碑刻。李白（701—762），唐代伟大诗人。字太白，自号青莲居士。祖籍陇西成纪（今甘肃天水附近），出生于唐安西都护府碎叶城（今中亚伊塞克湖西北）。5岁随父入蜀，25岁出蜀远游长江、黄河中下游各地。742年（天宝元年），到长安为翰林供奉。不久，受谗出京，重新开始漫游生活。安史之乱的第二年，参加永王李璘的军队，后李璘被其兄肃宗李亨打败，李白被判罪流放夜郎（今贵州省），途中遇赦。后往来于洞庭、金陵之间。762年，病死于安徽当涂。李白流传下来的诗有990余首，现存《李太白集》。他的诗感情热烈，雄奇奔放，瑰丽绚烂，是我国古典诗歌史上浪漫主义的新高峰。人们称他为"诗仙"。

李汉俊烈士墓

位于湖北省武汉市武昌伏虎山。李汉俊（1890—1927），原名书思，湖北潜江人。早年留学日本，1918 年底回国后，在上海从事撰述和翻译，宣传新文化和马克思主义。1920 年 8 月和陈独秀共同发起组织上海共产主义小组，并创办《劳动界》。曾去武汉帮助筹建武汉共产主义小组。1921 年，代表上海小组出席中国共产党第一次全国代表大会。1925 年起先后任北京中俄大学、武昌武汉大学教授，国民党湖北省党部委员、省政府委员兼教育厅厅长。大革命失败后，被桂系军阀胡宗铎部队逮捕，1927 年 12 月17 日，在武汉被杀害。墓建于 1927 年。

李成虎墓

在浙江萧山市衙前村旁。李成虎（1854—1922），萧山市衙前村人。1921年9月，他和同村人沈定一（中共早期党员）等一起领导成立全国最早的衙前农民协会，制定并通过《衙前农民协会宣言》（以下简称《宣言》）和《章程》。《宣言》和《章程》明确宣告："本会与田主地主立于对抗地位"，揭露了地主阶级剥削压迫农民的罪行，主张团结农民决定自己的命运。中共中央宣传理论刊物《新青年》曾予全文转载。协会成立后，积极领导了衙前农民开展以抗租减息和三七五交租为中心内容的反封建斗争。在衙前农民运动的影响下，钱清、绍兴、曹娥、百官等地，也相继成立了几十个农民协会，斗争形势震动全国。同年12月，衙前农民协会被反动政府封闭。不久，李成虎被捕，1922年1月24日惨死狱中。李成虎牺牲后，当地农民在村后为之立墓碑，并建造"成虎桥"和石牌坊，以资纪念。

李自成墓

位于湖北省通山县九宫山牛迹岭，又名"闯王墓"。李自成（1606—1645），明末杰出农民起义领袖，也是历史上的名将。本名鸿基，陕西米脂李继迁寨人。农民出身。童年时曾为地主放羊，后为银川驿卒。崇祯二年（1629）起义，后为闯王高迎祥部下的闯将。他身体强壮，勇猛有识略。崇祯八年（1635），荥阳大会时，提出分兵定向、四路攻战的方案，受到各部领袖赞同，声望日高。次年，高迎祥死，他继称闯王。崇祯十一年（1638），在潼关战败，仅率刘宗敏等10余人，隐伏商雒丛山中（在豫陕边区）。次年，出山再起。崇祯十三年（1640），又在巴西鱼腹山被困，以50骑突围，进入河南。他用李岩等，提出"均田免赋"纲领，深得人心，起义军发展到百万之众，成为农民战争中的主力军。崇祯十六年（1643），在襄阳建立政权，称新顺王。同年，在河南汝州（今临汝）歼灭明陕西总督孙传庭的主力，乘胜进占西安。次年二月，建立大顺政权，年号永昌。不久，攻克北京，推翻明王朝。明将吴三桂引清兵入关。闯王迎战失利，退出北京，率军来到湖北九宫山，时当永昌二年（1645）。后几遭围歼，单骑突围，在牛迹岭下迂地主团练武装，死于土铳弓弩，尸体被当地群众掩埋，时年仅39岁。初时仅有墓堆和当地群众所立"闯王古墓"石碑。新建陵墓于1979年5月竣工，占地8100平方米，包括碑台、祭台、看台、花台、坟台和陈列馆等建筑，全部用条石和水泥砌成。坟前两米多高的大理石墓碑上刻有郭沫若手书的"李自成之墓"5个大字。坟台上的陈列馆内展出有李自成的生平事迹和文物照片。陈列馆东头斜坡上有一天然溶洞，名落印挡，相传闯王殉难时将玉玺丢进洞里。现建有小亭一座。

李竹如烈士墓

位于山东省利津县烈士陵园。李竹如烈士，是山东省早期革命先驱。1905 年生于利津县城关镇庄科村。1942 年 11 月 2 日，在鲁中对崮峪反扫荡战斗中壮烈牺牲。他在家乡读了小学、中学，毕业后去南京东南大学（中央大学前身）附中就读高中。1927 年加入中国共产党。1929 年考进南京中央大学政治经济系。当时他一面从事攻读，一面从事革命，是中央大学地下党支部的书记。为寻求革命真理，离毕业只差几个月了，他毅然离开了学校走上了战斗的里程。1932 年至 1937 年间，李竹如一直在敌占区做党的地下工作。后来又到济南创办了《新亚日报》，进行革命宣传。以后《新亚日报》被反动分子所控制，他便投笔从戎奔赴抗日前线。七七事变后，根据党的需要，奔赴抗日前线在晋冀豫边区党委机关报中国人报报社任社长。1939 年春，随八路军第一纵队挺进敌后，建立山东抗日根据地，先后任民运部长、文化界救国联合会会长，山东分局宣传部部长兼大众日报社社长等职。此间他写了许多革命文章，为党的政治、文化、教育事业做出了不少贡献，并对《大众日报》进行了一系列的建设。1942 年，他在"战工会"任职，他经常带领工作队深入农村发动减租减息。建立了以贫下中农为主体的农村工农民主新政权。

墓前的平台上，石栏环境清秀雅致，正中立有大理石碑。碑正面是徐向前同志题写的碑名："李竹如烈士之墓"7个大字，金光闪闪；碑的上方是嵌制的李竹如烈士遗像，工艺精巧，威严如生；碑的背面刻有利津县人民政府撰述的墓志。墓志由北京书法家杨萱庭所书，笔锋精当雄健，炫耀夺目。

李纲墓

位于福建省侯官桐口大嘉山（即今闽侯县荆溪乡光明大队湖里村），东距福州市区约30公里。墓占地范围较大，分墓道、墓庭、墓坟3个部分。坟前墓碑刻"宋丞相李忠定公之墓"，系清嘉庆十五年（1810）福建巡抚张师诚重修。墓庭前有石坊一座，额书"古社稷臣"，亦同时修建。墓道在前左，曲径而入，旁列石翁仲2尊、石兽6座，石柱2个，杆石2个。

墓前后林木苍成荫，别有一番山光水色。

李纲，字伯纪，福建邵武人。生于宋神宗元丰六年（1083），政和二年（1112）中进士，任监察御史。宣和年间，金人入犯，宋朝统治者屈服自辱，不许人民起来反抗。李纲悲愤异常，刺臂血书向宋徽宗呈述"击败敌人进犯"的对策。靖康元年（1126），金人举兵渡河，前锋直指京都——开封，宋王朝一片混乱。钦宗皇帝和许多朝臣准备南逃，把黄河地区广大领土奉送出去。李纲极力反对，要求整肃军队，团结民心，死守京都。这才迫使宋钦宗皇帝答应实行"守土御敌"的政策，任命李纲为尚书右丞，负责保卫京都。在李纲的积极筹划和坚强战备下，士气整肃，终于击退了金人无数次进攻，保卫了京城。后宋朝统治者为了讨好金人，竟将李纲罢官，致使京城沦陷，徽、钦二帝被金人掳去。建炎元年（1127），南宋高宗即位，李纲做了75天宰相，启用宗泽、张所等将领，一时军民融洽，抗金力量日益壮大，遂使金人龟缩在黄河一带，不敢继续南侵。但不久，南宋高宗为了同金人议和，就将坚决抗金的李纲贬出朝廷。绍兴十年（1140）李纲于福州逝世。

李时珍墓

位于湖北省蕲春县两湖岸边。墓前有碑石，系他的三个儿子于明万历二十一年（1593）所立。新中国成立后新建了纪念亭、纪念碑、花坛、墓坊等。陵地中央有李时珍白色雕像。有郭沫若题词，半圆体墓形庄严肃穆，湖光掩映，翠绿环绕，风景优美宁静，游人众多。是全国重点文物保护单位。李时珍为明代杰出的医药学家，《本草纲目》作者。

李杰墓

位于江苏南京中华门外雨花村。李杰是明朝寿州霍秋人，在元至正年间起兵反抗元朝统治，1356 年投奔朱元璋。1369

年在攻击孔山寨时战死，时年 38 岁。洪武十五年（1382）马皇后死后，朱元璋纳李杰女为妃，册封为淑妃，故李杰既是开国功臣，又是国丈，追封为镇国将军。

李杰墓颇为宏大，碑文由宋濂奉敕撰写，墓前现存神道碑 1 通，石武将 2 尊，石羊、石马、石虎各 2 个。神道碑铭为"宣武将军金广武卫指挥使司事赠骠骑将军金都督府事李公神道碑铭"及"洪武三十一年夏五月二十一日立"。碑文阴刻正楷，碑身基本完好。碑文有"公讳杰，字茂实，世属寿州霍匠县之寿安乡。为人朴直，力于穑事。元至正庚寅，辛卯间兵起颍汝，延及旁郡"等字样，可知为农民出身。

李卓吾墓

位于北京通县。李卓吾（1527—1602），名赞，号宏甫，泉州晋江（今属福建）人。明思想家、文学家。著有《焚书》《藏书》等书，因反对封建礼教和假道学，触犯朝廷。被以

"敢倡乱道，惑世诬民"之罪下狱致死。友人马经纶将他收葬在通县北门外马氏庄迎福寺侧。1954年因当地施工迁至城北大悲村，为便于纪念瞻仰，1983年又迁至城北公园西畔。墓前立其好友焦竑书"李卓吾先生墓"碑，碑阴有詹轸光于万历四十年（1612）书《李卓吾碑记》和《吊李卓吾先生墓二首》。并有通县人民政府所立《重移李卓吾墓记》碑一通。

李根源墓

位于江苏善人桥镇南，穹窿山东麓的小王山茔地，葬在其母阙太夫人墓侧。其夫人马树兰的遗骨，也于1982年4月合葬。小王山为李氏安葬其母所购地，后精心经营为一处园林，墓地和所在村称阙茔利，林园名松海。建有小隆中、湖山堂、听松亭等。

李根源（1879—1965），字印泉，又字养溪、雪生，别署高黎贡山人，生于云南腾越。1927年后长期居住苏州，是中国同盟会第一批会员。曾任云南讲武堂校长，与朱德有师生关系。他与蔡锷一起发动云南重九起义，参加讨袁战争。曾任北洋政府陕西省省长、农商总长及代总理等职。九一八事变后，他积极支持抗日，反对卖国投降。新中国成立后，历任西南军政委员会委员、西南行政委员会委员和令国政协委员等职。

抗倭阵亡将士墓

位于建漳浦县盘陀圩口关帝庙前。明嘉靖年间（1522—1566），戚继光率兵从仙游追击倭寇到漳浦。敌寇据盘陀岭要塞顽抗，先以少数人跳跪蹲伏，引诱戚家军消耗矢石火炮，等日暮，冲杀下山。戚继光用"鸳鸯阵"和"小三才阵"交换作战。敌全线崩溃，纷纷弃甲丢盔向南逃去。战斗中戚家军伤亡80余人。戚继光在此处建"忠勇祠"，纪念阵亡将士。现祠已废，仅存一石碑。

杨大兰烈士墓

位于湖北枝江县（今枝江市）董市镇北面约 3 公里的凤凰山上。墓前台基上 1.9 米高的墓碑耸立，19 丛兰花簇拥，19 柱石栏环绕，19 株玉兰树陪伴。这 "19" 象征着杨大兰烈士 19 岁的青春年华。杨大兰在 1989 年底与歹徒英勇搏斗壮烈牺牲后，其遗体惨不忍睹。他的家人按当地风俗及时安葬了她。1990 年清明节前，枝江县有关部门决定重建烈士墓，移葬杨大兰烈士。杨大兰，女。湖北省枝江县董市信用社桂花分社职工。1985 年 12 月 25 日凌晨，两个蒙面歹徒翻墙进入桂花信用分社持刀行抢。正在值班的杨大兰、潘星兰赤手空拳同犯罪分子进行搏斗。潘星兰身负重伤，杨大兰被歹徒连砍 9 刀，当场牺牲，后被追认为共青团员。国家财产终于得到保护。1990 年 3 月 2 日，共青团中央授予她 "英雄青年" 光荣称号。

杨士奇墓

位于江西泰和县杏岭北山上。杨士奇（1365—1444），名寓，字士奇，号东里，泰和（今江西泰和）人，明代学者、史学家。早孤家贫，然学识丰富，以授徒自给。官至礼部侍郎兼华盖殿大学士。曾参与修《太祖实录》《太宗实录》《仁宗实录》，担任总裁官。有《东里全集》《文渊阁书目》《历代名臣奏议》《三朝圣谕录》《奏对录》等。墓园很大，周围有短墙，墓前有翁仲石马等物。墓前原有碑，民国初废。墓一度被盗，后于修复。

杨万里墓

位于江西宙水县黄桥乡。墓的规模很大。墓前有石人、石马等。碑文刻有"宋杨万里公墓"6个大字，墓北边有一块望碑，碑文刻有："宋理学杨文节公神道碑" 10 个大字。墓附近的砥柱桥为杨万里读书、作诗的地方。杨万里（1127—1206），字廷秀，号诚斋。江西吉水黄桥塘人，南宋诗人。诗与尤袤、范成大、陆游等齐名，称"南宋四家"。

杨文会墓

位于江苏南京市淮海路 35 号，金陵刻经处佛学讲堂后柳树丛中。杨文会（1837—1911），字仁山，安徽石埭人，近代佛学研究学者。早年遍觅经论，立志于研究佛法，佛学造诣极深。曾于光绪年间在南京创办金陵刻经处，既刻佛经，又从事佛学教育。所刻佛经以准确、清楚而闻名中外，其中《大藏辑要》最著名。他是中国近代佛学界极有影响的人物。杨文会于清宣统末年（1911）去世，为纪念其研究、传播佛学的功绩，国内外佛教界和华侨团体集资营墓，将其安葬在刻经处后。墓为塔式，砖石砌成，高约 3 米，称"白塔"，正而刻有"杨文居士墓碑"字样。

杨仙逸烈士墓

位于广东省广州市黄花岗公园内。墓门为两柱分立的弧形拱门。券拱上高置铁制飞机模型，以纪念烈士一生从事的航空科学。沿石级而上过墓门，有开旷平台，中有方座，正面嵌有孙中山手书"杨仙逸先生墓"石刻，上接高耸的墓表。正面刻烈士生平略历。杨仙逸，广东中山县人，生于美属檀香山，早年加入同盟会。1918 年应孙中山命回国，以航空报国为己任，培养了大批航空人才。1922 年任航空局长。1923 年随孙中山讨伐陈炯明。同年 9 月 20 日，在东江梅湖门沙堆，不幸因水雷爆炸牺牲，时年 32 岁。孙中山曾定其殉国之日为航空纪念日。

杨再兴墓

位于河南临颍县城南 12 公里的商桥村。墓冢高大，翠柏茂密。冢前有"宋统制杨再兴将军之墓"石碑，相传为岳飞用枪头刻成。墓前有祠，祠内有明、清石碑数通，记载其生平事迹。杨再兴为岳飞部下，抗金将领。据《宋史》记载，杨原为曹成部将。绍兴二年，岳飞破成，赦再兴，勉兴忠义。岳飞屯襄阳，以图中原；再兴取长水，尽复西京险要，得马万匹，刍粟数十万，中原响应。金人屯兵12万于临颍，再兴以300骑遇敌于小商桥，骤与之战，杀2000余人及万户撒八、孛堇千户百人，再兴战死，后获其尸，焚之，得箭镞一升。后人建祠以纪念他抗金英雄业绩。

杨连第烈士墓

位于辽宁沈阳抗美援朝烈士陵园。墓为水泥筑成，呈圆形。墓前立有花岗石墓碑，碑的正面刻"烈士杨连第之墓"7个大字；墓碑背面镌刻着中国人民志愿军副司令员兼副政治委员邓华、政治部副主任杜平1954年10月4日签署的碑文：

"杨连第同志河北省天津县第四区北仓村人一九一八年生，出身贫农家庭，幼时当过鞋匠、学徒、电工、三轮车工人。一九四九年二月入伍，一九五一年加入中国共产党，历任班长、排长、技术副连长等职。一九四九年八月勾支援解放军挺进西北杨连第所征之铁道部队受命抢修陇海铁路上的八号桥，该桥仅残存桥墩数座墩高四十五公尺，修复工程异常艰巨。为解决登高问题，杨连第创造了单面脚手架，仅以四小时时间带头登上桥墩为平墩面，创造了土药爆破法。一昼夜在高空爆破百余次，给提前完成抢修任务打开了道路，由此荣获了登高英雄的光荣称号。一九五〇年十月出席了全国工农兵劳动模范代表大会。抗美援朝战争爆发后，杨连第随志愿军铁道部队出国转战于朝鲜前线各大江桥之间，在严寒风雪里，为了采集修桥材料，他曾与冻土岩石搏斗七昼夜，在清川江的特大洪水中，为保证前线物资供应，他曾率领一个排奋不顾身地连续十三次抢搭浮桥，他英勇指挥部队无数次地战胜了敌机的轰炸破坏保证了部队顺利完成作战任务。一九五二年五月十五日检修清川江桥时不幸中敌之定时炸弹而光荣牺牲，为表彰与纪念杨连第同志中国人民志愿军领导机关追认他为特等功臣一级英雄，命名他生前所在连队为杨连第连，中央人民政府铁道部命名八号桥为杨连第桥，朝鲜民主主义人民共和国亦追认他为共和国英雄。

杨连第同志的英雄形象永垂不朽。"

杨杏佛墓

位于上海市万安公墓内。杨杏佛（1893—1933），江西清江人，名铨。早年在上海中国公学读书，后留学美国哈佛大学。曾任南京高等师范学校教授，东南大学工学院院长等职。1932年与宋庆龄、鲁迅等组织中国民权保障同盟，任副会长兼总干事，反对蒋介石的法西斯统治。次年6月在上海被国民党特务暗杀。墓碑上刻有"杨杏佛之墓"5个大字，墓碑上部有杨杏佛雕像，卧碑上镌有杨杏佛生平。

杨松烈士墓

位于陕西省延安市李家洼烈士陵园。杨松生于 1905 年，1926 年开始从事新闻工作。1941 年，中国共产党的第一张报纸《解放日报》创刊时，杨松同志任主编。他忠诚于党的新闻事业，1942 年不幸患病卧床。患病期间，毛泽东同志拿出自己的 50 元稿费给杨松买药和补品，同年 12 月，不幸逝世。墓前立有墓碑，上书"杨松烈士之墓" 6 个大字。

杨树达墓

位于湖南长沙市岳麓山半山腰上。坐北朝南，面对湖南大学操场。墓呈半圆形，麻石嵌合，茔围石砌，拜坪上有一石桌，两侧置石凳。汉白玉墓碑上正书："杨树达教授之墓。"旁署"湖南师范学院立"。杨树达（1885—1956），字遇夫，湖南长沙人，著名的语言文字学家。1898 年考入时务学堂，1905 年赴日本留学。辛亥革命后回国从事教育事业。1919 年 11 月，以湖南教职员代表身份与毛泽东等同至北京，参与驱逐湖南省督军张敬尧的活动。历任北京高等师范、北京师范大学、清华大学、湖南大学、湖南师范学院教授。著作有《高等国文法》《词诠》等专著 10 余种。

杨根思烈士墓

位于辽宁省沈阳市抗美援朝烈士陵园内。墓为水泥构筑，呈圆形。墓前立有花岗岩石墓碑，碑的正面刻有"烈士杨根思之墓" 7 个大字；墓碑背面镌刻着中国人民志愿军副司令员兼副政治委员邓华、政治部副主任杜平 1953 年 9 月 13 日签署的碑文：

"杨根思同志一九二五年生于江苏省泰兴县一个雇农的家庭里，自小受地主压迫，祖父及父母被地主军阀逼死后，本人流落在上海苏州一带当苦工后，于一九四四年参加我军。一九四五年加入中国共产党，在抗日战争和解放战争中参加过淮海战役等大小战斗数十次屡建战功。曾荣获战斗模范爆破英雄等光荣称号。一九五〇年出席了第一次全国战斗英雄代表会议。抗美援朝战争开始杨根思同志参加志愿军出国作战，同年十一月，志愿军为了围歼麇集下碣隅里的美国侵略军，命令杨根思带领一个排坚守包围圈的制高点小高岭，敌人为夺路逃命对小高岭实施猛烈攻击，但几次反扑都被杨根思和勇士们击退。继之敌人发起第九次反扑，杨根思和他的几名战友仍坚守阵地和敌人苦战，当他们射出最后一发子弹时，四十多个敌人已经爬上山头。在这危急的时刻杨根思拖起一包炸药拉响导火索猛然冲入敌群，一声巨响和敌同归于尽。英雄用鲜血守住了小高岭，保障了整个战役取得胜利。为表彰与纪念杨根思烈士，中国人民志愿军领导机关特以他的光辉的名字命名他生前所带领的连队，并追认他为特等功臣特级英雄，朝鲜民主主义人民共和国亦追认他为共和国英雄。

英雄的杨根思同志永垂不朽。"

赤石暴动烈士陵墓

位于福建崇安县城南 8 公里的崇阳溪畔。依山傍水，顺山势筑三层石阶，70 余级。石阶两旁建有花坛，拾级而上，是一片平坦的广场，正中为一座高约 1 米圆柱体加半弧形顶盖的墓冢。墓后，林木繁茂，峰峦连绵，肃穆庄严。陵墓对岸是赤石镇，岸边渡口立有"赤石暴动纪念碑"。碑上记述赤石暴动的经过。1942 年 6 月，日本帝国主义侵略者沿浙赣路大举进犯，国民党军队不战而逃，将皖南事变后，囚禁在江西上饶集中营的新四军抗日战士和爱国志士武装押解建阳。6 月 17 日傍晚，途经赤石镇，正待渡崇阳溪时，集中营秘密党组织当机立断，发出暴动讯号，霎时，战士们与敌人展开英勇搏斗，冲过山岗，奔向武夷山革命根据地，同闽北游击队一起，投入新的战斗。暴动中一部分战士壮烈牺牲，一部分战士突围未成遭到惨杀。为了纪念先烈，1956 年党和人民政府在此修建了赤石暴动烈士陵墓，暴动地址列为省级重点文物保护单位。

严复墓

位于福建福州市郊阳岐村。清宣统二年（1910）严复生前所营建，以石构为主，形如扶臂椅，碑书"清侯官严几道先生之寿城"，两侧有云龙柱一对，墓前横屏书"惟适之安"，规模不大，结构大方。严复（1853—1921），字几道，号又陵，福建侯官（今福州市）人，早年考入福州船政学堂，光绪三年（1877）留学英国，历任天津水师学堂总教习、总办、资政院议员。辛亥革命后，任北京大学校长。曾翻译赫胥黎《天演论》等，为维新变法提供理论基础。是近代资产阶级改良主义思想家、翻译家。

吴良、吴祯墓

位于江苏南京市太甲门外岗子村电膠机械厂内。吴良，明定远人，初名国兴，因朱元璋字国瑞，为避讳赐名良。随朱元璋起兵壕梁，并为帐前先锋。洪武三年（1370）封江阴侯，十四年卒，年58。赐江国公。1958年对该墓进行清理。墓前现存武将2尊、石虎2个、石羊2个、龟座1个。雕刻均极精细。

吴祯为吴良之弟，初名国宝，赐名桢。明初助兄吴良守江阴，败张士诚，讨方国珍，擒陈友定，战功卓著，封靖海侯。洪武二十二年卒。因生前征琉球有功，追封海国公。墓前有石马、石羊、石虎、武将各1对。墓于1952年清理，石刻均按原来排列顺序移至其兄吴良墓南。吴氏兄弟墓前石刻比较完整，镂刻精细，神态逼真，为明初石刻艺术精品之一。

吴昌硕墓

位于浙江余杭县（今余杭区）临平西北10公里，距杭州市40公里的超山大明堂前香雪坞中。吴昌硕（1844—1927），名俊卿，初名俊，字昌硕、仓石，别号仓硕，浙江安吉人。近代画家、篆刻家。所作以写意花卉、蔬果为主，山水、人物偶尔为之。在传统上吸众家所长，兼以篆、隶、狂草，笔意入画，尚气势，重整体，画面配合得宜，饶有韵致。他的艺术风格在海内外影响很大。篆刻钝刀硬入，朴茂苍劲。生前酷爱梅花，1927 年其病逝后，按遗愿埋于这素有"十里梅花香雪海"之称的超山香雪坞中。墓为石墓土冢，前有碑。1988 年于此地立吴昌硕塑像 1 尊。

吴镇墓

位于浙江省嘉善县魏唐镇花园弄花梅庵。吴镇（1280—1354），字仲圭，号梅花道人、梅沙弥，嘉兴（今属嘉善魏唐镇）人。性格高傲，愤世嫉俗，长期隐居天下。以吟诗、作画自娱。后与黄公望、倪瓒、王蒙并称元代画苑四大家。墓呈圆形泥顶，高 2 米，块石砌围，墓前正中有一块长方形墓碑，碑文用篆文刻写"此画隐吴仲圭高士之墓"，明万历三十六年

（1608年）立。另有一"梅花和尚之塔"碑，已残。庵有山门、前殿、后殿等建筑物。前殿内存《仁本堂墨刻》55方、吴镇草书《心经》刻石3方。墓园右侧有名的八竹石碑，是吴镇所画的竹石雕刻而成，笔力遒劲，风格潇洒，是我国的珍贵文物。

吴樾墓

位于安徽安庆市西门外鸭儿塘东山岗。吴樾（1878—1905）。字孟侠，安徽桐城人，光复会会员。1902年，就学保定高等师范学院，后创办两江公学。1905年，清政府派绍英、载泽、端方、戴鸿慈、徐世昌五大臣出洋考察宪政，他深恨清政府预备之宪骗局，9月24日在北京车站谋炸出洋五大臣，事败，壮烈牺牲。1912年其弟吴楚将其移葬于此。孙中山亲撰祭文，有"爱有吴君，奋力一掷"之句。

肖国宝墓

位于贵州省长顺县。肖国宝（1924—1950），战斗英雄。四川南川人。1949 年参加中国人民解放军，后任副班长。1950 年加入中国共产党。同年 11 月，在贵州长顺县苗岭深山的剿匪战斗中，只身冲入敌阵，三次负伤。当部队遭到敌火力阻击时，又用身体堵住敌机枪射口，壮烈牺牲。西南军区将他生前所在的连队命名为"肖国宝英雄连"。为永远缅怀肖国宝烈士，将其遗体安葬在他的牺牲地——长顺县。

何绍基墓

位于湖南长沙市郊一小山坡上。何绍基（1799—1873），字子贞，号东洲，晚号猿叟，湖南道县人，清代学者、书法家。道光进士，官编修、国史馆总纂。对经史、说文考订精细，擅长书法，自成一家，而草书尤为一代之冠。有《说文段注驳正》《惜道味斋经说》《东洲草堂诗集》等。据碑文和《湖南通志》载："何绍基墓在长沙南门外新开铺附近石人冲石竹坳。"经考证，即为现址。现仅存一土堆及残碑两块，近年已清理保护。

邱少云烈士墓

位于辽宁省沈阳市抗美援朝烈士陵园内。墓为圆形，水泥构筑。墓前立有墓碑，正面镌刻着"烈士邱少云之墓"7个大字，墓碑背面镌刻着中国人民志愿军第十五军军长秦基伟、政治委员谷景生1955年5月19日签署的碑文：

"中国人民志愿军第十五军二十九师第八十七团一级战斗英雄邱少云同志二十九岁，四川铜梁邱家湾人，一九五一年参加抗美援朝战争。一九五二年十月十一日在金化以西三九一高地反击战中，他与他的战友数十人接受艰巨的潜伏任务隐蔽于敌军阵地近侧等待次日傍晚发起战斗以便突然歼敌。次日十一时许，敌盲目发射一燃烧弹落于身边燃烧着伪装在身上的茅草，不久火焰即燃遍全身，此时虽完全可能捕灭身火，但稍动敌必发觉，同行数十同志皆有牺牲的危险，原订战斗计划也就不能完成。邱少云同志在这生死关头为了整个战斗的胜利和战友的安全，以超人的意志力忍受着难以想象的肉体痛苦，把双手深深插入泥土，任凭烈火燃烧二十余分钟始终伏地不动直至壮烈牺牲。是日黄昏，我强大部队发起战斗，暴雨般的炮弹把敌人的攻势全部摧毁，为邱少云烈士复仇的声音震撼山岳。突击部队的勇士们从邱少云烈士身旁以排山倒海之势冲向敌人，不到十五分钟即全部攻占了敌军阵地，取得歼灭李伪军一个加强连的胜利，邱少云是伟大的战士，在严重考验的关头坚决执行了军事上的信条，这就是光荣的牺牲个体，争取整个战斗的胜利，他不愧为我们祖国值得骄傲和自豪的子弟。为表彰他的英雄事迹志愿军首长特追授予特等功臣一级战斗英雄称号，军党委员会并追认他为中国共产党党员，朝鲜民主主义人民共和国最高人民会议常任委员会授予共和国英雄的光荣称号，和一级国旗勋章金星奖奖章各一枚。邱少云烈士将永远活在中朝两国人民的心里。"

邹容墓

坐落于上海市华泾镇西，邹容（1885—1905），原名绍陶，字蔚丹，四川巴县人，近代民主革命烈士。1902年留学日本，回国后到上海，著述《革命军》，号召推翻清皇朝，建立共和国。1903年苏报案发生，被租界巡捕房拘捕，后死于狱中，年仅21岁。当时由刘季平收其遗骸，葬于华泾镇刘宅旁的空地上。1924年，修墓立碑。1981年重建。墓区占地1亩余，坐北朝南，中间是一座高2.4米的塔形墓标，上书"邹容之墓"4字。墓标后为圆状墓，高2.36米，直径2.48米。墓后有章太炎所书"赠大将军巴县邹容墓"墓碑。墓碑后是石屏，东西两边各有一座石亭。东边石亭内矗立着一座高近3米的"赠大将军邹君墓表"石刻，由章太炎撰文，于右任丹书。四周遍植松柏，庄严肃穆。

狄仁杰墓

位于河南洛阳市东 12 公里白马寺山门外东南。为一圆形土丘。墓前今存碑石两方，较大的一方上书"有唐忠臣狄梁公墓"，重立于明万历二十一年（1593），较小的一方上下隔为三栏，镌刻悼诗数首及明人周鼎、知府虞廷玺所撰序文，立于明天顺三年（1459）。狄仁杰（607—700），字怀英，太原人。唐代著名宰相。卒后追封为梁国公。

伯夷叔齐墓

位于河南洛阳市东北约 30 公里偃师市西北首阳山上。首阳山为邙山一峰。其上原有伯夷叔齐庙，今仅余荒丘两个，相传为伯夷叔齐墓。伯夷、叔齐，商末孤竹国君的两个儿子。孤竹晚年时，欲以次子叔齐为继承人；孤竹君死后，叔齐让位伯夷，伯夷不受，二人都投奔周室。后周武王伐商，他二人扣马相谏，反对武王进军。武王灭商后，他二人逃避到首阳山，不食周粟而死。今首阳东北5公里许，有"扣马"村。

宋教仁墓

坐落在上海市闸北区共和新路闸北公园深处的碧树繁花之中。占地约9亩，墓地周围遍植龙柏，绿树成荫，庄严肃穆。墓道入口处两根饰有白色"蘑菇云"状的天蓝色灯柱，分列左右，中间是白色花岗石路面。墓前有一座宋教仁的全身坐像，身穿大衣，左手持书，右手托腮，神态安详而传神。像基是大理石座，正面篆刻宋教仁之号"渔父"两字，是章太炎的手迹；背面为于右任的题字。在宋教仁坐像后面20余米处就是墓寝。墓呈半球形，顶端饰有脚踩恶蛇的雄鹰，给人庄重威严之感。为纪念这位杰出的民主革命领袖，1914年营建宋教仁墓于此。

辛弃疾墓

位于江西铅山具城北。辛弃疾（1140—1207），原字坦夫，改字幼安，号稼轩，齐州历城（今山东济南）人，南宋词人。初在北方参加抗金武装，后南下任承务郎、天平节度掌书记、江阴金判、建康府通判、知滁州，旋升至湖北、江西、湖南、福建、浙东等地安抚使。嘉泰时命知镇江府，作词支援北伐。开禧初进枢密都承旨，未受命而卒。一生主张坚决抗金，现存词600余首中，多抒发恢复统一祖国山河的强烈感情。词风继承苏轼豪放风格，与苏轼并称"苏辛"。有《稼轩长短句》，今人辑有《辛稼轩诗文钞存》。辛弃疾力主抗金，三度宦游于江西地区，曾出任江西安抚使，在上饶城北的节湖住过。其死后，上饶人为之营墓。今墓基保存完好，有墓碑、墓廓，造型优美。

况钟墓

位于江西省靖安县崖口村神州山山腰。这里山环水绕，风景如画。况钟（1383—1443），字伯律，号龙岗，江西省靖安县崖口村人，初为靖安礼曹官，因有才智，被知县愈益荐于朝廷。宣德五年（1430）出任苏州知府，严惩贪诈属吏，与巡抚周忱奏请减免江南重赋。在任"锄奸剔弊，执法如山"，民间称为"况青天"。著名历史剧《十五贯》所描写的，正是他的一个故事。在任十三年，病逝苏州，归葬故里。墓前有一碑，上书"明苏州知府况钟之墓"。

汪亚臣将军墓

位于黑龙江省哈尔滨烈士陵园内。汪亚臣将军（1911—1941），东北抗日联军第十军军长。在长达 10 年的艰苦斗争中，他率部队转战于五常、舒兰、榆树等县，负伤十几次，最后，为了民族的解放，献出了自己的生命。1929年，汪亚臣同志到东北军二十六旅三十四团当兵，九一八事变后，三十四团投降日寇，眼看大好河山沦为敌手，心情十分沉重。在一个雨夜，他同东北军中几个志同道合的战友，携带枪支，弃军出走，树旗抗日。他们作战勇敢，很快地在群众中树立了威望，队伍不断扩大，不久成立了抗日义勇军，成为五常一带较有影响的抗日队伍。1936年春，汪亚臣同志率领部队与赵尚志领导的东北人民革命军第三军汇合，主动接受中国共产党的领导，在党的领导下，他斗争方向更加明确，战斗意志更加坚强，后任东北抗日联军第十军军长。1939年，狡猾的敌人实行"归屯"政策，大举"讨伐"十军，环境十分艰苦，他经常鼓励战士克服困难，坚持战斗，不时出击敌人。1941年初，由于叛徒告密，汪亚臣同志为日寇"讨伐队"包围，激战在五常县石头亮子山上，终因寡不敌众，壮烈牺牲，敌人割下了烈士的头颅。1955年党和政府将烈士遗首安葬在此。墓体为长方体，四周围以雕刻护栏，墓前有哈尔滨市人民政府暨全体人民恭立的墓碑，上面镌刻着"汪亚臣将军之墓"7个大字。

沈周墓

位于江苏苏州城东北 20 余公里的吴县相城宅里村。沈周（1427—1509），字启南，号石田，又号白石翁，长洲（今江苏苏州）人，明代书画家。博览群书，善诗文书画，其画评者誉为明代第一。善画山水花鸟，融汇各家之长，自成一格，为"吴门画派"之始祖。与其学生文徵明、唐寅、仇英合称"明四家"。有《客座新闻》《石田集》《石田诗钞》《石田杂记》《江南春词》等。墓地约 5 亩，四周小河环绕，筑以青石罗城，封士高约 2 米。墓前有青石抹角柱，沈周后裔沈彦良于 1928 年重建的碑亭等建筑，以及明文学家王鏊书"沈隐士石田先生墓志铭"等碑刻。

张天虚墓

位于云南昆明市西南 16 公里的西山西麓，聂耳墓旧址旁。张天虚（1911—1941），云南呈贡人，现代作家。曾为西北青年战地服务团团员、仰光《中国时报》编辑，积极从事革命文学创作。生前与人民音乐家聂耳友善，聂耳在日本溺水逝世后，参与料理聂耳后事，并奉其骨灰回国。有长篇小说《铁轮》。张天虚病故后，亲属遵其遗嘱，葬于聂耳墓旁。墓基呈圆形，青石砌成，正中竖圆柱形墓碑，镌刻郭沫若所撰墓志铭："西南二士，聂耳天虚，……义军有曲轮有书，弦歌百代，永示壮图。"

张民达墓

位于广东广州先烈路。张民达（1885—1925），广东梅县人。早年参加同盟会，追随孙中山，致力于国民革命，为粤军爱国名将。1925年东征军阀陈炯明时，任东征军右翼总指挥。率部力战，战功卓著。1925年4月15日，张民达在被召回汕头，途中因舟覆溺死于韩江。1926年，遗骸葬于广州先烈中路，与华侨五烈士墓相邻。墓坐南朝北，居于高台之上，建筑式样端庄肃穆，颇具气势。墓园入口处建有石坊，园西侧筑一平台，上书"捐躯为国""通文""达理"；东侧建一方亭，并有碑记其生平事迹。

张同敞墓

位于广西桂林东郊朝阳乡唐家里村旁，距城约3公里。墓呈长方形，圈以短垣，园内遍植青松，园门用方石砌筑，额刻"光禄大夫宫詹兵部侍郎翰林学士别山张公暨德配一品夫人许夫人神道"。墓丘呈圆形，全部系青石构筑，高1.2米，直径3.3米；墓前建有方形祭亭，古色古香。张同敞，字别山，湖北江陵人，南明永历朝兵部右侍郎，兼翰林院侍读学士，总督广西各路兵马，兼督军务。留守桂林，与清鏖战，身先士卒。后与瞿式耜共守危城，永历四年（1650）十一月，城破被俘，坚贞不屈，同年闰十一月十七日与瞿式耜一同被害，由当时住在桂林的吴江人杨艺、七星山寿佛寺浑融和尚、尧山茅坪庵性因和尚冒险盗出瞿、张二人尸体葬此（瞿式耜遗体后由其孙运回原籍，葬于常熟虞山）。

张苍水墓

位于浙江杭州市南屏山。张煌言（1620—1664），字玄著，号苍水，浙江鄞县（今鄞州区）人，南朝弘光元年（1645）与钱肃乐等起兵抗清，奉鲁王监国，据守浙东山地和沿海一带，官至权兵部尚书。后鲁王政权覆灭，他又与荆襄十三家农民军联络，合力抗清。至康熙三年（1664），因见大势已去，遂解散余部，隐居南田花岙（今浙江象山南田），不久被俘，在杭州弼教坊就义。

张英墓

位于安徽桐城市北龙眠山。张英（1637—1708），字敦复，号乐圃，安徽桐城人，清代学者。康熙进士，任工部尚书兼翰林学士，后迁文华殿大学士兼礼部尚书。曾任《国史》《一统志》《渊鉴类函》《政治典训》《平定朔漠方略》总裁官。有《聪训斋语》《恒产琐言》《南巡扈从纪略》《文蛾集》《笃素堂诗文集》等。墓规模宏大，墓前有石坊，左右有石人石马，两边各有一溪，名双溪。距此2.5公里有其子张廷玉墓，人称小宰相墓。

张居正墓

位于湖北沙市市西北张家台。张居正（1525—1582），明政治家，字叔大，号太岳，世居江陵，嘉靖进士，神宗时为相。曾下令清丈土地，推行一条鞭法，改革赋税制度，裁减冗员，加强边防，浚治河道等都有成效，死后葬此。墓前原有石人、石马等附属文物，现存万历四十一年（1613）所立石碑1通，高3.6米，宽1.24米，上刻"明相太师太傅张文忠公之墓"，碑前还有石制香炉、烛台，再前有半月池，墓四周有土筑城墙，高3米，占地面积15亩，颇具规模。

张经墓

位于福建福州市西郊原厝村黄店山。张经（1492—1555），明抗倭将领。字廷彝，号半洲，侯官（今福州市）人，进士出身，官至兵部尚书。嘉靖三十三年（1554）负御倭全责，总督诸军，次年在浙江王江泾大捷，称军兴以来战功第一，但被严嵩亲信赵文华篡功诬陷，被害京师。万历中其孙伏阙鸣冤，始昭雪，赐祭葬于此。黄店山古称芋坑山，地处闽江之滨，山明水秀。墓为白石结构，自麓至半山有 13 层宽阔石台，深仅存 110 米，左右分立翁仲、望柱，以及马、狮、虎、羊等石兽，雄伟壮观。山麓原有"东南战功第一"石坊，民国间被军阀拆除，台石亦被盗窃。1963 年重修其主要部分。

张秋人烈士墓

位于浙江诸暨市牌头水霞张村前的小山坡上，用条石砌成。墓前竖立两块石碑。其中一块是 1957 年 4 月同文中学全体师生员工敬立的，上刻"张秋人烈士之墓"及张秋人烈士的革命简历。张秋人（1888—1928），浙江诸暨人。1921 年加入中国共产党，1927 年秋任浙江省委书记。一次，他去西湖刘庄途中，被特务逮捕。在狱中顽强斗争，坚贞不屈。1928 年 2 月 8 日英勇就义，年仅 30 岁。

张养浩墓

俗称张公坟。位于山东历城县北园张庄村东。张养浩

（1270—1329），元代文学家，字希孟，济南人，徙家历城，累官监察御史、翰林直学士、礼部尚书。著有《牧民忠告》《御史箴》《归田类稿》《云庄乐府》等诗文集，对当时的民间疾苦、政治腐败状况有所反映。张墓东临小清河，北为五柳闸，封土高 3 米，墓前有明清石碑 4 通，石狮 1 对。

张载墓

位于陕西眉县城东南约 30 公里的大振村迷糊岭下。北依凤凰原，南养麦山，张载死后葬于此。张载（1020—1078），字子厚，凤翔郿县（今陕西眉县）横渠镇人，世称"横渠先生"，北宋哲学家。曾任崇文院校书等职，讲学关中，其学派被称为"关学"。著作有《正蒙》《经学理窟》《易说》等，编入《张子全书》中。墓为其学生所建，高 5 米，底径约 10 余米。墓前有碑楼一座，碑文叙述张载生平事迹。整个墓地面积约 40 亩，古木参天，浓荫蔽日，风景清幽。

张敬墓

位于福建省祥县。张敬出生于福建，是国民党抗日将领张自忠将军的高级参谋。1940年，张自忠率部在湖北宜城阻击日军，浴血奋战，由于寡不敌众，张自忠将军与张敬同时殉难于战场，张敬的尸体安葬于祥县。1986年6月，福建省政府追认张敬为"抗日阵亡革命烈士"。祥县人民政府拨款重修了张敬烈士墓。

张衡墓

位于河南省南阳市北部的石桥镇小石桥村西。墓地周围环以砖砌甬道，其外又植柏墙和花圃。墓前有"汉征尚书张公平子墓"碑。1956年10月，人民政府为纪念张衡的杰出贡献重修。郭沫若为之题词："如此全面发展之人物，在世界史中亦所罕见。万杞千龄，令人景仰。"也刻石立碑于墓前。墓高8米，周长79米。墓地遍植松柏。张衡（78—139），字平子，东汉南阳郡西鄂县（今南阳市石桥镇）人。我国历史上伟大的科学家之一。他曾两度担任掌管天文的太史令，精通天文历算，创造世界上最早利用水力转动的浑天仪和测定地震的地动仪。第一次正确解释了月食的成因。他的天文著作《灵宪》总结了当时的天文知识，认识到宇宙的无限性。他在文学上的成就也很大，重要作品有《二京赋》《归田赋》《四愁诗》等，在五、七言诗发展史上有一定地位。

张曙烈士墓

位于广西桂林七星公园灵剑江畔。墓为长方形，用混凝土和红水磨石砌筑，一端竖方形墓碑，上镌郭沫若书写的"音乐家张曙同志之墓"9个大字。张曙（1909—1938），原名恩袭，安徽歙县人，中共党员。早年与聂耳等人组织"音乐创作研究会"，从事音乐创作。一生共创作歌曲 200 余首，主要有：《保卫国土》《洪波曲》《壮丁上前线》等。1938 年 12 月 24 日在日本飞机轰炸桂林时，与 4 岁女儿同时牺牲。原葬南郊，解放后迁葬于此。

陆羽墓

位于浙江省湖州市郊区妙西乡的宝积山。陆羽是唐代人，生于湖北省天门市。他年轻时曾在长江中下游和淮河流域考察，搜集了大量有关茶叶的种植、采摘、炒制、烹饮等资料，并撰写了世界上第一部论茶专著《茶经》。这部书对国际茶学、茶文化的形成与发展有深远影响，他也被誉为中国"茶圣"。据史料记载：陆羽曾在我国当时重点茶叶产区的湖州居住过 20 余年，并在那里写成了《茶经》。在宝积山，当年陆羽居住、游历过的妙喜寺、三葵亭等遗迹仍依稀可寻。

陈化成墓

位于福建厦门市郊金榜山麓。陈化成（1776—1842），字业章，号莲峰，福建同安人，清代爱国将领。行伍出身，后任参将、总兵、福建水师提督。道光二十年（1840）调任江南提督。鸦片战争爆发后，在吴淞修炮台，训练士兵，积极备战。1842 年 6 月，英舰进犯吴淞口，16 日拂晓督部发炮击伤英舰多艘。后因两江总督牛鉴溃逃，东炮台陷落，英军夹攻西炮台，陈身负重伤仍率孤军奋战，与所部英勇战死。陈化成牺牲后，部下刘国标收藏其遗体，在嘉定县入殓，翌年农历九月十二日，葬于金榜山麓。墓碑题"皇清诰授振威将军赐谥忠愍陈公、诰封一品夫人德配曾夫人茔"。墓前有石狮、石华表。1963 年和 1974 年重修，四周建石栏杆保护。

陈光烈士墓

位于广西桂林七星公园内。墓呈圆形，外砌红色水磨石面，南面建有方柱形纪念塔，五角星塔座，钢筋水泥结构，水磨石面坡，朴素庄严。上书"陈光烈士纪念塔"7个大红字，塔下层正面书刻陈光传略，其余三面为题词。陈光（1918—1949），原名陈益昌，又名陈扬，广东梅县人。1939年加入中国共产党。1943年奉派来广西，先后领导柳州、桂东等地武装斗争和地下革命活动。1947年秋调来桂林任特派员，并建立中共桂林市城工委，任书记。1949年10月不幸被捕，同年11月11日牺牲。1951年迁葬于此。

范鸿仙墓

位于江苏南京中山陵东侧马群北山中。范鸿仙（1882—1914），中国近代民主革命宣传家、活动家。名光启，安徽合肥人。曾协助孙中山筹建中华革命党。1914年受孙中山派遣，回上海发动讨袁运动。被袁世凯派刺客刺杀，时年仅32岁。1936年为范鸿仙举行国葬陪葬孙中山于钟山。陵墓规模甚大，建筑崇宏，原有享殿、碑亭和漫长的墓道。墓冢长方形，现存墓冢、墓碑、墓道等。

罗炳辉墓

位于山东临沂革命烈士陵园内。罗炳辉（1897—1946），云南彝良人，1929 年加入中国共产党，领导江西吉安起义，曾任红军第九军团总指挥、新四军第二副军长兼山东省军区副司令员。1946 年 6 月在山东兰陵（今兰陵县）病逝。墓为直线四角塔形，高 11 米，墓壁镌刻刘少奇、周恩来、朱德、任弼时等题词，四角镶罗炳辉战斗事迹浮雕，墓顶饰有仿罗炳辉在五次反围剿中荣获勋章造型的雕塑。墓东南有遗像亭，八角重檐，门额上刻陈毅所题"瞻容思功" 4 个金字，亭内有罗炳辉戎装石雕立像，高 1.9 米。

佟麟阁烈士墓

位于北京市南苑。佟麟阁（1892—1937），原名凌阁，字捷三，河北高阳人。青年时入保定军官学校，后随冯玉祥西北军，历任团长、旅长、师长，1926年任陇南镇守使。1930年中原大战后，冯部缩编为二十九军，主持二十九军教导团，1935年升任副军长。1933年3月，日军进犯喜峰口，与赵登禹等共同指挥所部抵抗。5月，冯玉祥等在张家口组织察绥民众抗日同盟军，任第一军军长，并代理察哈尔省主席，与吉鸿昌、方振武配合抗日，收复察东多伦等地。1937年7月卢沟桥事变爆发，亲自主持军务，命所部何基沣旅奋起抵抗。7月28日，在指挥南苑战斗中壮烈殉国。

宝山烈士墓

位于上海市宝山区吴淞口附近。它是为纪念解放上海市战斗中牺牲的烈士而修建，1976年完成设计，1978年建成。占地面积为20亩，主要建筑有烈士纪念碑、浮雕墙、大平台、纪念墙，大门等。其中纪念碑高16米，威武庄严，从侧面看去，如同一个迎风斗浪，前进在长江中的帆船，使人联想到上海的解放是渡江胜利的继续。纪念碑的两侧是排列整齐的墓地，四周环绕着笔柏，显得肃穆、朴素、简洁、雅致。纪念碑后面的浮雕墙刻有 6 名全副武装的解放军战士，背景是长江和船帆，使人想起了解放上海时的激烈的战斗，更加缅怀那些为上海解放而牺牲的英雄烈士。

赵树理墓

位于山西省沁水县尉迟村。赵树理（1906—1970），山西沁水人，出身贫农家庭。他是一位富有独特风格和民族特色的著名作家。他长期从事农村工作，对我国北方农村生活非常熟悉。他是认真实践文艺为工农兵服务这一方针并卓有成绩的优秀作家的代表。反映根据地人民生活的主要作品有《小二黑结婚》《李有才板话》《李家庄的变迁》等。建国后，反映社会主义时期农村巨大变化的有《三里湾》等。他的小说的艺术特点是具有浓郁的乡土气息，通俗质朴，生动活泼，诙谐幽默，自成一家。1970 年受"四人帮"残酷迫害，含冤而死。1987年 5 月新建墓碑。新建的汉白玉墓碑正面刻"赵树理墓" 4 个大字，背面刻着赵树理生前所说过的一段话："我写的东西，大部分是想写给农村中的识字人读，并且想通过他们介绍给不识字的人听的。"

赵登禹烈士墓

位于北京市丰台西道口山坡上。赵登禹（1890—1937），山东菏泽人，字舜臣。行伍出身。1927 年任冯玉祥部旅长，1928 年任国民党军第二十七师师长。1933 年率部在长城喜峰口抗击日本侵略军，后任一三二师师长。1937 年七七事变爆发，在北平（今北京）南苑营房被日机炸死。原墓于 1991 年 4月进行修缮，墓地面积扩 169 平方米，墓地东侧新修有宽 29米的石阶。另有两块大理石石碑，分别镶在石阶之中，一为赵登禹将军事迹碑，一为文物保护单位标志碑。

胡玉垓墓

位于四川威远县城东门外东堡山上。墓塔为复印型，用石砌成，高 6 米，共三层，底为方形墓穴，葬烈士遗骨及夫人胡良任。中为塔身，四面嵌碑刻烈士生平事迹，墓碑刻"胡烈士墓塔"。胡良辅，字玉垓（1883—1911），威远县界牌人，早年加入同盟会，1911 年四川保路风潮兴起，胡任嘉定七属评议长，组织保路同志军，任总参谋长、副军长等，辛亥秋率军两千余人打回威远，成立军政府，宣布威远独立，并率矿工、船工、民军两万余人在自贡与威远交界处阻击清军。同年 9 月 22 日为奸人杀害。武汉起义成功后，于 1921 年建立墓塔，在殉难处立纪念碑。

秋瑾墓

位于杭州西湖西泠桥畔。1907 年春，秋瑾为筹措起义经费，亲到崇德晤访友徐自华，二人一同游览了杭州西湖，在看到岳坟的"青山有幸埋忠骨"的楹联时，秋瑾感慨万端，对徐自华说："如果我竟牺牲，愿埋西泠桥下。"徐知此举义危险性很大，遂赠诗预祝成功。秋瑾也回赠了《临行留别寄尘小淑》诗三首。此别不久，秋瑾便事败遇难，当年 7 月 15 日慷慨就义于绍兴古轩亭口，年仅 33 岁。牺牲前三天，寄徐自华一封绝命书，写道："不须三尺孤坟，中国已无净土。好持鲁酒一杯，他年共唱摆仑歌。虽死犹生，牺牲尽我责任。即此永别，风潮取彼头颅。"秋瑾牺牲后，她的生前好友，冒生命危险雇鞋匠把身首缝合，收遗骨暂厝此山脚下，后秋氏家族又把灵柩迁回到水偏门外严家潭殡舍。是年冬，女友吴芝瑛、徐自华等来绍兴把灵柩运往杭州，埋葬在西泠桥畔。次年，清廷欲平秋瑾墓。1909 年由王廷钧以秋瑾之子王源德名义把灵柩又迁到湖南夫家下葬。辛亥革命第二年五月，为了纪念这位为民主革命献出生命的女革命家，湖南、浙江两省政府商定，把烈士遗骨重新迁回风景秀丽的西湖畔，并在旧墓址上建了一座"风雨亭"以应"秋风秋雨愁煞人"的就义诗句。即为现在的秋瑾墓。1981年在西湖西泠桥畔,孤山西北角的绿树丛中立着一座秋瑾汉白玉的雕像。她身着长裙短袄,髻扰倭头,右手按剑,左手叉腰,威风凛凛,怒视前方。雕像底座上刻着孙中山亲题的"巾帼英雄"4个大字。秋瑾(1875—1907),中国近代民主革命家、教育家。字璇卿,号竞雄,又称鉴湖女侠。浙江绍兴人,曾赴日本留学,参加光复会、同盟会。后在上海筹办中国公学,创办《中国女报》。1907年与徐锡麟共谋起义,事发被捕,同年7月15日就义于绍兴轩亭口。

香洲烈士墓

即"珠海烈士陵园"。位于广东珠海市中心香洲狮山脚下。自下而上依次为墓门、墓台、瞻仰台和坟墓。墓长方形,共27座,各有墓碑,镂刻烈士姓名和职务。墓顶有六角亭,名贲志亭,亭内石碑,刻叶剑英于当年建墓时撰写的碑文。1924年9

月，叶剑英任建国粤军第二师参谋长，到香洲建立新编团，培训大批革命骨干。1925 年 4 月，国民党右派乘革命军东征，煽动兵变，杀害干部 27 人。1925 年 10 月，叶剑英主持建墓。墓门有叶剑英题书的"香洲烈士墓"5 个大字，瞻仰台正面刻叶剑英写的《满江红》词："镇海狮山，突兀处，英雄埋骨。曾记得，谈兵虎帐，三春眉月。夜半歌声连角起，繁荣飘尽风流歇。到而今堕泪忍成碑，肝肠裂。革命史，人湮没；革命党，当流血。看槐枪满地，剪除军阀。革命功成阶级灭，牺牲堂上悲白发。更方期孤育老能养，酬忠烈。"

段德昌墓

位于湖北鹤峰县八峰山上组。段德昌（1904—1933）系湘鄂西革命武装和根据地创建人之一。湖南南县人。1925 年加入中国共产党。黄埔军校第四期学生。1927 年在宜昌、秭归、当阳、公安一带领导农民运动，发动游击战争，历任红军中央独立师师长、红六军军长等职。1933年5月在巴东金果坪牺牲。新中国成立后，将其和贺英等烈士忠骨移此修建陵墓。墓前是革命烈士纪念塔，巨石结构，卓荦宏伟；山麓有革命博物馆，陈列革命文物：从山麓至烈士墓，筑有石质台阶，左右遍布苍松翠柏，尤其溇河傍山长流，波光倒影，衬托得整个陵园益显庄严明丽。

施耐庵墓

位于江苏兴化市施家前桥东。据县志记载和当地传说，施耐庵是兴化人，中进士后，曾官钱塘二载，弃官归里。隐居家乡，死后葬此。砖石砌的墓台高出田面1米，墓呈正方形，长宽各约12米。墓土包，直径5.5米，高约4.5米。墓前立墓碑，碑正面中刻"大文学家施耐庵先生之墓"，右刻"民国三十二年春兴化人民公建"。背面有500多字的碑文，颂扬施耐庵的高风亮节及建碑目的。墓台南边有一座高5米，宽8米，上刻"耐庵公坊"4个大字的砖砌牌楼。牌楼前一湾绿水,隔水有周长60米的方土墩一座,高出水面约2米,上植各种树木。墓东南约80米处建有100多平方米的施耐庵资料陈列室,陈列施耐庵的家谱及其生平资料。施耐庵,元末明初小说家。中国著名的古典长篇小说《水浒传》的作者,钱塘(今浙江杭州)人。其生平事迹,史传旧籍记载绝少,传说亦多参差。《兴化县续志》载明人王道生撰《施耐庵墓志》,说他原籍苏州,后迁淮安,元至顺进士,卒于明洪武初,年75岁。研究者对这一说法颇表怀疑。据明嘉靖时人高儒《百川书志》记载:"《忠义水浒传》一百卷,钱塘施耐庵的本,罗贯中编次。"明郎瑛《七修类稿》所记略同。金圣叹则说施耐庵作。胡应麟《少室山房笔丛》并谓罗贯中为其门人。水浒故事南宋以来流传已久,《水浒传》是施耐庵在《宣和遗事》及有关话本、故事的基础上,进行再创作而成。

闻一多衣冠冢

位于云南昆明市昆明师范学院一二·一运动四烈士墓前。

闻一多（1899—1946），本名家骅，一多为笔名，湖北浠水人，现代诗人、学者。幼年爱好古典诗词和美术，1922年赴美留学，专习美术、文学。回国后长期在各大学执教，致力于古典文学研究。学识精深，治学严谨，著述丰富。抗日战争时期任西南联大教授，因从事爱国民主运动，于1946年7月15日在昆明被国民党杀害，遗体火化，衣冠葬此。墓碑上镌"国立西南联合大学故教授闻一多先生衣冠冢"。墓前刻一浮雕宝剑，以显其勇敢斗争精神。著作有诗集《红烛》《死水》等。

烈士墓

位于浙江绍兴府山公园内府山南麓。1953年4月，为纪念1949年在解放浙江时英勇牺牲的60名解放军战士而建。墓呈长方形，坐北朝南。墓碑上镌刻"革命烈士之墓"6个字。墓前竖立着烈士纪念碑，建于1959年。通高约7米，碑座共5

层，呈正方形，下层边长 4.5 米，四周设石栏杆。台座上高大的碑身正面（南面）的碑文为"革命烈士永垂不朽"，右面为"浩气长存"，左面为"万古流芳"，背面记载了烈士们的英雄业绩。墓地四周绿树成荫，庄严静谧。

聂耳墓

位于云南昆明市西南西山之麓的森林公园，距市区 10 余公里。聂耳（1912—1935），原名守信，字子义，一作紫艺，云南玉溪人。自幼爱好音乐。1930 年到上海入明月歌舞团，1933 年加入中国共产党，积极参加左翼音乐、戏剧、电影等活动，以其卓越的音乐才华和创作成就而成为我国革命音乐创作的奠基人之一。1935 年取道日本拟赴苏联学习，7 月 17 日在日本鹄沼海岸游泳时，被大海吞没夺去了年轻的生命。遗体火化后，骨灰由其挚友张天虚运回，葬于昆明西山高峣村后山麓。墓前有徐嘉瑞撰"划时代的音乐家聂耳之墓"石碑。1954

年重修时，郭沫若手书"人民音乐家聂耳之墓"，刻石竖碑，以代徐碑。1980 年 5 月 13 日昆明市人民政府将墓迁葬于西山太华寺与龙门之间的山坡上。1985 年 7 月 17 日落成，以纪念伟大的人民音乐家聂耳逝世 50 周年。重建的聂耳墓地，造型壮丽庄严。墓地设计颇具匠心，整个基地形如云南少数民族喜爱的弹拨乐器"月琴"。墓穴位于琴盘的发音孔上，墓上有汉白玉石雕刻的花圈，花圈上镌刻着聂耳生卒的年份："1912—1935"铜质金字。琴盘顶端是半圆形石碑，在 7 块闪闪发光的黑色大理石上，镌刻着郭沫若手书的"人民音乐家聂耳之墓"9 个金光闪闪的大字。墓体后面是高大的环形屏风墙，大理石墙面上，左侧镌刻着郭沫若生前撰书的聂耳墓碑文；右侧镌刻着《义勇军进行曲》的词作者田汉于 1935 年为悼念聂耳而撰写的诗文及题词："无产阶级音乐的前驱不朽，中国人民大众的歌手永生。"墓体前方的鲜花丛中，竖立着用汉白玉雕塑的高 3.28 米的聂耳全身立像，身着西装，外穿敞开的风衣，身体呈现正在前行的姿态；头微低着，似在沉思，他胸前的右手伸出两个手指犹如打着节拍，酝酿着气势磅礴的作品。塑像前方有 7 个圆形花圃，象征 7 个音阶，还有象征聂耳 24 岁青春年华的 24 级步石阶。这里前临滇池，后枕耳青山，苍松翠柏，风景秀丽。

柳直荀墓

位于湖北监利县周老嘴。1979 年建。柳直荀（1898—1932），湖南长沙人，又名克明。湖南雅礼大学毕业。1920 年加入中国社会主义青年团。1924 年加入中国共产党，曾任湖南省政府委员、省农民协会秘书长。1927 年，马日事变后，为反击许克祥叛变，曾和郭亮等发动长沙附近各县 10 万农军围攻长沙。同年参加南昌起义，后由党派往上海、沈阳、天津、汉口等地从事地下工作，先后任中共顺直省委秘书长、中共中央长江局秘书长。1930 年以中央军委和长江局特派员的身份到洪湖革命根据地巡视工作，后留在该地。历任中国工农红军第二军团政治部主任、红六军政委、红三军政委。1931 年 6 月，任中共鄂西分特委书记，坚持鄂西北革命根据地的斗争。1932 年 4 月，率部返回洪湖地区，受极"左"路线迫害，被诬为"改组派"，错杀于监利县周老嘴心慈庵。1979 年，党和人民政府拨专款在这里建起了墓、亭，新办了"直荀中学"，以资纪念。

徐光启墓

位于上海徐汇区南丹路光启公园内。徐光启（1562—1633)，字子先，上海徐家汇人。明代科学家，官至礼部尚书、文渊阁大学士，终生研究天文、历法、水利、测量、数学、农学。并翻译西洋科学著作，编纂《农政全书》，是我国近代科学的先驱。去世后葬于上海法华泾和肇嘉滨汇合处，以后子孙居此，地名遂称徐家汇。墓地于 1957 年修整，墓前有徐光启花岗石雕像，东侧是碑廊，有徐光启画像、手迹和传记石刻 12 块。四周绿树环绕，庄严静谧。

郭亮墓

位于湖南望城区铜官区文家坝。1950年，郭妻李灿英病逝后，合葬于此。1957年重建。水泥圆顶，周围镶嵌铜官烧制的陶制绿色花栏杆。墓碑居中，碑额上刻有红色五星一颗。碑文横刻"中共党员"，竖刻"烈士郭亮李灿英墓"。左方石碑刻着"公元一九五七年三月二十九日（二十九周年纪念）"，右方石碑刻着"望城县人民代表会刊"。左右蹲坐陶狮1对，墓前有石阶，两旁植松柏。前临池塘，后依群山，左侧有墓庐，右侧为一片竹林。郭亮（1901—1928），号靖笏，湖南望城人。湖南省工人运动杰出领导人之一。1921年加入中国共产党。曾任湖南工团联合会总干事、湖南省总工会委员长，中共湖南省委委员兼工农部长等职。中共"五大"时，当选为中央委员。参加过南昌起义。1928年，在任中共湘鄂赣边区特委书记时，因叛徒告密，3月27日在岳阳被捕，29日在长沙被军阀杀害。

其遗骸后由群众安葬于此。

海瑞墓

坐落在海南省海口市海秀路滨涯村。海瑞（1514—1587），海南省琼山县（今南平市）人。乡试中举人，历任福建省南平县学教谕、淳安知县、嘉州通判、兴国州判官、户部主事、尚宝丞、大理寺丞、右金都御史和南京吏部右侍郎等职，明万历十五年（1587）10月14日死于南京任上。遗体运回海南，葬于滨涯村。（今属海口市郊）。他毕生为官刚直不阿，不附权贵，不徇私情，敢于与邪恶势力作斗争，居官廉正，明察秋毫，爱护人民，为人民办了不少好事。海瑞墓于明朝万历十七年二月二十二日建成。"文化大革命"中曾遭到严重破坏，现已修复。修复后的海瑞墓，仍用大块花岗石砌成，基部呈八角形，每面刻有不同花纹的图案，长不过百米，宽不过50米。墓前竖立1通厚10厘米、高约4米、宽80余厘米的石碑，上刻"皇明敕葬资善大夫南京都察院右都御史赠太子少保谥忠介海公之墓"。据说碑为明代原物。墓庭有白石栏杆围护。砖砌的甬道两旁排列有翁仲（石人）、石马、石羊、石龟等供景，形态各异，栩栩如生。墓地院墙四周种满了四季常青之树，二十四节不败之草，显得十分庄重、肃穆。墓地大门处建有一座青灰色的石牌坊，上书4个红色大字"粤东正气"。它象征着"海青天"不畏强权，为官清廉的浩然正气，给人以"丹砂粉碎丹仍在，铁链锻成铁愈铮"之感。党和国家领导人刘少奇、朱德、陈毅等都曾到此瞻仰这位古代清官的陵墓。郭沫若还赋诗赞叹："我知公道在人心，不违民糟民所悦。"（《访海瑞墓》）。海瑞基地附近有"海瑞井"，相传，是海瑞少年时发现的，400多年从未干涸过。滨涯村农民一直饮用这口井的甘泉，世世代代感念海瑞的恩泽。墓侧还建有海瑞文物陈列室。

浙军攻克南京阵亡将士墓

位于浙江省杭州市西湖孤山东麓。1964年迁至鸡笼山，

1981 年再迁至南天竺。坐东朝西，由墓基、墓穴和墓碑组成。墓基面宽 11.97 米，进深 8 米，长条石砌筑。墓碑中题 "浙军攻克金陵阵亡诸将士之墓"。辛亥武昌起义后，东南各省先后光复，清政府南京驻兵负隅顽抗，新军初攻失利，电告各地求援。浙军即出师会攻，1911 年 12 月 2 日配合友军攻克南京。1912 年在此筑墓 7 座，合葬此役牺牲将士 43 人和在杭州、武汉二战役中牺牲的 2 人。

陶成章墓

位于浙江杭州市龙井路南天竺附近。陶成章（1878—1912），字焕卿，浙江绍兴人。近代民主革命者、光复会领袖。辛亥革命时以光复军司令驻上海，1912 年 1 月 14 日，被陈其美设计暗杀，灵柩运回浙江，礼葬于西泠桥凤林寺前。1964 年迁葬于鸡笼山。1981 年又迁葬于今址。追随陶成章革命因制炸弹身亡的杨哲商、沈由智附葬左右。

陶行知墓

　　位于南京市燕子矶晓庄。陶行知（1891—1946），原名文浚，后改知行，又改行知，安徽歙县人，现代教育家。从美国留学归国后，致力于平民教育运动，并最早注意乡村教育，发表《中华教育改进社改造全国乡村教育宣言》。曾先后创办生活教育社、山海工学团、育才学校和社会大学等，为现代教育发展做出了贡献。他致力于抗日救亡活动，成为民主同盟的领袖之一。有《中国教育改造》《古庙敲钟录》《斋夫自由淡》《行知书信》《行知诗歌集》等。墓前建筑有牌坊、墓碑等。此处为陶行知1927年3月与赵叔愚合办南京市试验乡村师范学校，即晓庄师范旧址。1946年7月，陶行知因劳累过度，患脑出血去世，遗嘱归葬其致力乡村教育的试验地南京晓庄。

黄花岗七十二烈士墓

　　位于广东省广州市先烈路。它是为纪念1911年3月29日中国革命同盟会在广州起义中牺牲的 72 名烈士而修建的。始建于 1918 年，由海外爱国华侨捐资建造，当时占地 13 万平方米。国民党统治时期，这里野草丛生，年久失修。新中国成立后，经过大力整修，面积增加到 16 万平方米。墓地周围苍松翠柏，花木繁茂，已成为广州著名的名胜古迹之一。孙中山领导的同盟会，于辛亥年三月二十九日（1911 年 4 月 27 日），在广州市发动推翻清政府统治的武装起义。起义者进攻两广总督署等军政机关，血战一昼夜，起义失败。喻培伦等 100 余人英勇牺牲，后经同盟会会员潘达微冒险奔走收殓，丛葬于黄花岗者 72 人，故有此称。潘氏死后，亦附葬于墓侧。此次起义虽告失败，但先烈的光辉业绩和英雄气概，却鼓舞了全国人民。成为武昌起义胜利的前奏。

和记功坊相连的是一座巨大的石台，高 7 米、宽 35 米，中间有 3 道门，可沿台上扶梯，直达台顶。台上堆砌有 72 块长方形石枕。石枕筑成一个金字塔形，最上端矗立着一个高举火炬的自由神像。墓的右边是七十二烈士的碑亭。每一块碑石

上都刻有烈士的生平传记；墓左边有一些密集的小坟，坟前皆

烈士墓正门是一座横排 3 个拱门的高大牌坊，庄严雄伟，上面横刻着孙中山先生手书"浩气长存" 4 个镏金大字。墓道宽阔，两旁花木及碑石林立。走过宽大石阶，便是七十二烈士墓，墓用长方形白玉石砌成，四周有铁栏相围。墓前有一座石亭，亭中石碑刻有"七十二烈士之墓"，并附有每一位烈士的名字。墓后有一记功坊，白玉石所建，正面横篆"缔造民国七十二烈士记功坊"，为章太炎手书。坊后还立有详记起义经过的石碑。墓前有两个大手炉，一个为铜质，一个为石质，有碑石。黄花绿草中，蓝天白云下，烈士们长眠在这里，他们用血肉之躯推翻了数千年的封建帝制，在中国历史上写下了可歌可泣的诗篇。

黄爱、庞人铨墓

位于湖南长沙市岳麓山上的桃花山。是一石砌台阶墓，四

方石柱支承碑座及墓碑。碑文为"黄爱烈士、庞人铨烈士之墓"。黄爱（1897—1922），湖南常德人。庞人铨（1898—1922），湖南湘潭人。都是"湖南劳工会"的创始人。他们初受无政府主义思想影响，后经毛泽东的帮助，于1921年底加入了中国社会主义青年团。1922年1月，湖南第一纱厂职工因年终索饷，举行全厂罢工。16日晚反动资本家勾结军阀赵恒惕，诱捕了黄、庞，于次日清晨惨杀于浏阳门外。黄、庞就义后，毛泽东亲赴上海策划驱逐军阀赵恒惕的运动，并派李立三去常德将黄爱的父亲接到上海，进行控诉，使黄、庞事件在全国激起公愤。1926年12月，湖南人民举行公葬黄、庞仪式，将两位烈士安葬于此。

黄继光烈士墓

位于辽宁沈阳抗美援朝烈士陵园院内。墓为水泥构筑、圆形，墓碑正面书"烈士黄继光之墓"，并刻有五角星。墓碑背面镌刻着中国人民志愿军第十五军军长秦基伟、政治委员谷景生1955年8月10日签署的碑文：

"中国人民志愿军第十五军第四十五师第一百三十五团特级战斗英雄黄继光同志，二十二岁，四川中江县人贫农出身，旧社会饱受地主压迫，一九五一年志愿参加抗美援朝战争。生前系营通讯员工作主动积极，曾立三等功。一九五二年十月上甘岭战斗该营奉命反击五九七点九高地，攻占高地一半时，敌中心火力点威胁攻击部队，继光同志即挺身冲出，中途两肩负伤，接近敌堡时胸部又惨遭五弹。在极度疼痛中投出手雷毁敌堡大部，但旋又发现残敌以机枪继续疯狂发射致使我反击部队中途受阻，当此紧急之际继光同志一跃而起高呼冲啊，用胸膛堵住敌堡火力发射口，使反击部队得以占领阵地，全歼守敌一千二百余人。继光同志高度的爱国主义与国际主义精神不仅振奋全军，而且中外传扬有口皆碑，充分表现了我伟大中华民族的英雄形象。志愿军领导机关为表彰英烈特追授予特等功臣特级战斗英雄称号，军党委员会追认其为中国共产党党员并授予模范青年团员称号，朝鲜民主主义人民共和国最高人民会议常任委员会授予共和国英雄称号，和一级国旗勋章金星奖章各一枚。继光同志英雄事迹将万古流芳永垂不朽。"

盖叫天墓

位于浙江杭州西湖西岸金沙港。盖叫天（1888—1970），系著名京剧表演艺术大师，原名张英杰，号燕南，河北人。幼年入天津隆庆班习武生，早期在上海一带演出，晚年定居杭州。他以扮演短打武生为主，注重造型美，讲究神情气质，武戏文唱，形成自己独特的艺术风格，也称盖派。其主演的著名剧目有《武松》《狮子楼》《十字坡》《快活林》《三岔口》《一箭仇》等。他的艺术著作《粉墨春秋》影响很大。盖叫天墓始建于50年代，坐东朝西，占地盈亩，土石结构。墓前有高3米余的石牌坊，上书"学到老"3个字，两旁有"英名盖世三岔口。杰作惊天十字坡"楹联一副，巧妙地将盖叫天艺名和擅演之戏镶嵌其内，令瞻仰者叹为观止。

梁士英烈士墓

位于辽宁省锦州市人民公园辽沈战役纪念塔西。墓前立一庄严肃穆的纪念碑，碑正面刻着"烈士梁士英之墓"7个光芒耀目的的大字；背面刻着："……这时士英同志立即把正在冒烟快要爆炸的爆破筒重新塞进碉堡，并用尽全力以身顶住，当时排长叫他隐蔽，士英同志却坚决地喊着：'同志们，前进'话音刚落，轰的一声巨响，敌人和碉堡粉碎了。士英同志在完成任务的同时也壮烈的牺牲了……。"梁士英舍身炸地堡，为我军前进扫清了道路。锦州解放的第二天早晨，部队在锦州广场召开了追悼会，指战员眼含热泪沉痛地追悼了在锦州战斗中英勇牺牲的梁士英及诸烈士。会上团政委陈绍昆同志宣读了师党委追记烈士梁士英为特等功臣的褒奖令——给梁士英追记3次大功并建议政府将锦州西北门改为"士英门"，在他牺牲地立碑纪念。1948年11月，吉林省扶余县三岔河镇为梁士英开追悼会，赠其亲属"功臣之家"锦旗一面，昔日他出没的三岔河南街命名为士英街。1950 年，锦州市人民修建了梁士英烈士墓和纪念碑。

彭雪枫墓

位于江苏省洪泽区半城镇。彭雪枫，河南镇平县人。1925 年加入共青团，1926 年入党，曾任江西省军区政委、中央军委第一局局长、纵队司令员等职。长征中，他率部屡任前锋，屡建奇功。抗战时期，任新四军第四师师长兼淮北军区司令员，领导军民创建了豫皖苏边区抗日根据地。1944 年 9 月 11 日，他亲临前线指挥对敌作战，不幸中弹，壮烈牺牲。毛泽东等中央领导同志对彭雪枫一生给予很高评价。称赞他"一世忠贞，是共产党人的好榜样"。1990 年 12 月在陵园内建"彭雪枫纪念馆"，陈列有烈士遗物 300 余件。

鲁迅墓

位于上海市虹口公园。这个墓地是 1956 年鲁迅逝世 20 周年前夕新建。建成后，鲁迅的棺椁由西郊万国公墓隆重迁葬到这里。鲁迅（1881—1936），中国现代伟大的文学家、思想家和革命家，中国新文学的奠基人。1936 年 10 月，因积劳过度和肺病逝世于上海，为中华民族和中国人民的解放事业贡献了一生。基地占地 1600 平方米，用 2000 多块苏州金山花岗石构成。从墓道口登三步石级而上，中间是一块长方形的绿化草地，草地中央塑有一座高大的鲁迅铜像：身穿长衫坐藤椅上，左手执书，右手搁在椅子扶手上。在那慈祥的面容上，一对深邃的目光透露出坚毅而亲切的神色，体现了"横眉冷对千夫指，俯首甘为孺子牛"的精神。这座铜像，是我国著名的雕塑家萧传玖的作品。基座中间，镌有"1881—1936"生卒年份。鲁迅生前亲自设计的《坟》一书屏页上的彩云装饰图，用来作为花饰浮雕，刻在基座上部的周围。草地前沿，安放着一块斜卧的花岗标志石，上阴刻："全国重点文物保护单位鲁迅墓，中华人民共和国国务院一九六一年三月四日公布，上海市人民委员会立。"草地两旁是宽舒的过道，瞻仰宾客可以从此通过登上墓地。登上七步石级就是方形的墓前大平台。平台上栽两株鲁迅生前喜爱的广玉兰，枝叶茂盛，长得葱茏挺秀。平台左右为石柱花廊，上面爬满了紫藤。花廊外围，植有高大的松柏和桃树、桂树、夹竹桃、紫丁香等，郁郁葱葱散落在那里，望去幽静深远，格外增加了肃穆气氛。沿花廊下面，普设长条坐石，瞻仰的人们可在此对伟大的鲁迅展开追思和默念。平台前面，是具有中国民族风格的庄严雄伟的照壁式大墓碑。毛泽东同志的亲笔题字"鲁迅先生之墓"，阴刻横排在墓碑的中央，字迹挺拔，金光闪闪。墓碑下正中，是安放鲁迅灵柩的墓椁，上面用一方光洁的花岗石密盖着。左右有两株松柏，是鲁迅夫人许广平和孩子海婴亲手种植的纪念树。墓碑后面从东至西，屏风式的土山隆起，山上山下栽遍了苍松翠柏，四季花草。鲁迅生前喜爱的花木，这里遍地皆是。春天桃、樱争艳，夏季紫薇、海棠盛开，深秋有清香的桂花，火红的枫叶，寒冬有可爱的蜡梅。一年四季，万紫千红陪伴着这位长眠地下的文化伟人。

鲁班场红军烈士墓

位于贵州仁怀县鲁班场。为纪念中国工农红军长征途中经该地，在战斗中牺牲的480余名红军战士而建，1991年5月落成。仁怀县位于贵州西北部，赤水河上游，是1935年3月中国工农红军四渡赤水第三渡之地。鲁班场战斗，是红军二渡赤水回师遵义，继娄山关、凤凰山战役大捷后的一次重大战斗。此战斗，打乱了国民党军队的战斗部署，确保了红军三渡赤水的胜利，摆脱了敌人的围追堵截，从而为胜利完成二万五千里长征奠定了基础。

嵇康墓

位于安徽涡阳县城东北 30 公里的石弓山南麓（原属蒙城县）。嵇康（224—263），字叔夜，三国谯郡铚（今安徽濉溪县）人。著名文学家、思想家、音乐家。官中散大夫，世称嵇中散，为竹林七贤之一。因政治上拥护曹魏，反对司马氏集团篡权，为司马昭所杀。临刑前，拒绝 3000 名太学生的营救，索琴弹了一曲已成绝响的《广陵散》。后葬于此。墓前有碑，周有松柏，幽雅清静。

粤军阵亡烈士墓

位于江苏省南京市莫愁湖公园内。1912 年 1 月，辛亥革命临时政府成立后，张勋在袁世凯的授意下，从徐州南下，妄图推翻临时政府。孙中山派出以姚雨平为总司令的粤军北伐，他们首捷固镇，再战宿州，攻占徐州。北伐粤军的胜利，促使了宣统皇帝的退位。在北伐中有 60 多位烈士而为国捐躯，为纪念粤军阵亡将士而建立公墓。初建于 1912 年秋，1948 年重修，将原分葬的各个墓冢，连同北伐战争前因制造炸弹而牺牲的炸弹营营长合葬一个大墓，墓前原有石坊和墓碑。墓位于莫愁湖西侧湖畔，墓旁苍松翠柏，墓后建长约 30 米的弧形围墙，墓冢平面圆形，底边仿须弥座式，上为圆形坟顶。墓前立碑，碑正面镌刻 1912 年 3 月临时大总统孙中山题词"建国成仁" 4 个大字；碑背面是黄兴撰写的墓志。墓地风景秀丽，烈士墓在林彪、江青反革命集团横行时曾被毁。林彪、江青反革命集团被粉碎后，根据党中央指示，1980 年在原址重建。

谢晋元墓

位于上海万安公墓内。墓碑上刻有"追赠陆军步兵少将谢公晋元之墓"14个字。谢晋元将军纪念碑的碑文介绍了谢晋元将军的生平。谢晋元（1905—1941），字中民，广东蕉岭人。1926年毕业于黄埔军校，参加了北伐战争。1938年八一三淞沪抗战后升八十八师五二四团团附，率部驻守北火车站，坚守阵地达两个月之久。后与所部留守闸北盐业、金城、中南、大陆四银行仓库，奋战四昼夜。10月奉命撤入公共租界，被租界当局收缴武器，与官兵在"孤军营"羁禁达四年，不受敌人的多方威逼利诱，1941年4月24日被叛徒杀害。墓碑立于1941年7月1日。

曾水源墓

位于江苏南京挹江门内蛾家巷睦寡妇山。为已发现的太平天国高级将领的唯一墓葬。曾水源，太平天国开国元勋。广西武宜人。历任东殿左丞相、天官右丞相。1854年任天官正丞相，后被东王处死。死期不详，但其墓碑上刻有"太平天国已末九年六月吉日重修"字样，墓是 1954 年发现的。当时墓前只有一块墓碑，系利用旧碑改制。碑有创伤 5 处，右上角残缺。1954 年用汉白玉加做碑框配座，重立墓前。

雷锋墓

位于辽宁抚顺市雷锋纪念馆院内。伟大的共产主义战士雷锋同志 1962 年 8 月 15 日因公殉职后安葬于此。墓为长方形，上窄下宽的墓体安置在黑色大理石基座上，高近 1 米。墓前正方形黑色大理石上镶嵌着汉白玉石雕刻的花环。墓背后是高大的墓碑，墓碑正面横刻"雷锋同志之墓"6 个金色大字，背面镌刻着周而复 1983 年 8 月 1 日书写的碑文：

"雷锋同志是中国人民解放军沈阳部队工程兵某部汽车运输连四班班长。一九四○年十二月十八日生于湖南省望城县一个贫农家庭。

解放前，他一家亲人相继死去，雷锋不满七岁便成为孤儿。解放后，他积极参加土改斗争。一九五六年高小毕业，先后在乡人民政府和中共望城县委当通讯员、公务员。一九五七年加入中国共产主义青年团。在参加根治沩水，被评为工地模范。一九五八年到鞍山钢铁公司当推土机手。三次被评为先进生产者、五次被评为红旗手、十八次被评为标兵。一九六〇年一月参加中国人民解放军，在部队荣立二等功一次，三等功两次，团营嘉奖多次。同年加入中国共产党。一九六一年当选抚顺市第四届人民代表大会代表。一九六二年八月十五日因公殉职，年仅二十二岁。一九六三年，毛泽东同志等老一辈无产阶级革命家，先后为雷锋同志题词，号召全国人民向雷锋同志学习。雷锋同志永远是我们学习的榜样。雷锋精神，永垂不朽！"

墓周有用水泥方砖铺成的宽阔的平台，栽植的苍松翠柏。显得格外庄严肃穆。另外还有雷锋玻璃钢全身塑像、镌有毛泽东手书"向雷锋同志学习"的纪念碑以及雷锋同志纪念馆。几个主要纪念建筑物浑然一体，成为一个缅怀雷锋业绩、弘扬雷锋精神，学习雷锋共产主义思想的场所。

詹天佑墓

位于北京延庆区京张铁路青龙桥车站詹天佑铜像和纪念碑之后的向阳台地上。詹天佑（1861—1919），安徽婺源（今属江西）人，中国杰出的铁路工程师。1905年至1909年主持修建我国自建的第一条铁路——京张铁路（今京包线北京至张家口段）。在修建中因地制宜运用"人"字形线路，减少工程数量，并利用"竖井施工法"开挖隧道、缩短了工期，培养了我国第一批铁路工程师。墓原在北京海淀区万泉庄，1982年5月20日迁今址。墓冢采取我国前堂后墓，中轴对称的传统手法。南向，分墓室、墓碑、墓台、月台、台阶五部分。墓室是由9块经过精心雕琢的花岗石和1个汉白玉圆冢组成。

新四军抗日殉国烈士墓

位于安徽泾县云岭新四军军部旧址东2.5公里山岗上。新四军军部在云岭期间，前方阵亡将士遗体葬此山上。新中国成立后，将坟归葬，修起一座烈士墓。墓周青松苍劲挺拔，显得庄严肃穆。

蔡元培墓

位于香港岛西南角的一个山坡上。蔡元培，字鹤卿，号子民，浙江绍兴人。1890 年中进士，曾任翰林院庶吉士、编修。1898 年后任绍兴中西学堂监督，提倡新学。1902 年同章炳麟等发起成立中国教育会，任会长，并办爱国学社及爱国女学，宣传民主革命。1903 年冬主编《俄事警闻》，后改《警钟日报》。1912 年任南京临时政府教育总长。1915 年去法国，曾与吴玉章等组织留法勤工俭学会、华法教育会。1916 年回国，任北京大学校长，支持新文化任国民党政府大学院院长、代理司法部长等职。九一八事变后，政治倾向转变，主张抗保障同盟，任副主席。抗战期间，拥护国共合作，一时值兵荒马乱，就埋葬在香港岛西南角一个山坡上乱坟之中，墓前立有墓碑，由叶恭绰书写的"蔡孑民先生之墓"7个字镌刻于其上。但因年久失修，逐荒凉寂寞。后又由北京大学同学会重修，并加竖一个刻有千字文的墓表，墓表由著名文学家、书法家台静农篆写。墓表上引述了蒋梦麟的"集两大文化于一身，其量足以容之，其德足以化之，其学足以当之，其才足以择之。呜呼，此先生之所以成一代大师欤"！

蔡锷墓

位于湖南长沙湘江西岸岳麓山白鹤泉上方。墓座宽阔，暗步、冢和碑，均由花岗岩砌成。碑高约6米，嵌入铜镌"蔡公松坡之墓"碑文，绕以石栏，24块栏板石上分别刻着近人的题字和挽诗。墓前有石砰，占地1620平方米。这里古木参天，曲径通幽，景物十分宜人。蔡锷（1882—1916），原名艮寅，字松坡，湖南邵阳人。1899年赴日本留学，1900年与唐才常等人回国，准备在汉口发动武装起义，未果又往日本，改名锷，以示投笔从戎的决心。1903 年冬于日本士官学校毕业，1904 年回国调广西训练新军，颇负声誉。1911 年辛亥革命时在云南起义，被推为云南军政府都督，袁世凯称帝，蔡组织护国军讨袁，屡败袁军。后任四川都督兼署民政长。因病赴日本就医。1916 年 11 月 8 日病逝于日本福冈大学医院。1917 年 4 月 12 日，在长沙举行国葬。

黎庶昌墓

位于贵州遵义东 40 公里之鱼塘，乐安江畔。为一个巨大的封土堆，高 3 米，东西长 10 米，南北长约 7 米。四周翠竹掩映。黎庶昌（1837—1897），字纯斋，贵州遵义人，晚清桐城派著名作家、外交家。博学宏才。贡生出身，历任驻英、德、法、日四国参赞，出使日本 6 年，官至川东兵备道，在出使日本期间，收罗流入日本的我国唐、宋、元、明典籍，编印《古逸丛书》26 种、有 200 卷。

潘达微墓

　　位于广州市黄花岗七十二烈士墓侧。墓前有方柱形墓碑。正面刻"潘达微先生之墓"，背面刻潘达微自述，左右两面皆为墓表文。潘达微（1880—1929），广东番禺人，同盟会会员，于 1905 年与高剑父等刊行《时事画报》及《平民日报》。辛亥年三月二十九日（1911 年 4 月 27 日）广州武装起义失败，他冒险奔走，收殓殉难烈士遗骸安葬于黄花岗者 72 人。后潘死于香港，遗体葬此。

霍去病墓

　　位于陕西西安西北茂陵原上，距茂陵东北约 1 公里。是汉武帝刘彻的重要陪葬墓。霍去病（前 140—前 117），西汉抗击匈奴的杰出将领、军事家。元狩六年（前117）病逝，年仅23岁。河东平阳（今山西临汾西南）人。为人聪颖，精于骑射。元朔六年（前123），任侍中，率八百精骑从卫青出征匈奴，以战功过人，封冠军侯。元狩二年（前121），任骠骑将军，率精锐骑兵长驱深入，两次大败匈奴，控制河西地区，打开了通往西域的道路。元狩四年（前119），又和卫青共同击败匈奴主力。汉武帝因他功高，欲为他建造府第，他拒绝说："匈奴未灭，无以家为。"他前后6次出击匈奴，保卫了与匈奴邻接诸郡的安定。他的病逝，武帝十分痛惜，乃"发属国玄甲，军阵自长安壘茂陵"，以殊礼送葬。并"为冢象祁连山。"此墓保存完好，冢丘起伏宛如山麓。墓前雕有各种高大的石人、石兽等，以"马踏匈奴"最为著名。这些石刻刀法洗炼，形神兼备，风格淳浑古朴，是西汉时期的代表作品。

戴东原墓

位于安徽屯溪区南7公里的商山几山头。戴东原即戴震

（1724—1777），字慎修、杲溪，安徽休宁人，清代著名思想家、哲学家、经学家、考据学家、皖派学术代表人物。曾任翰林院庶吉士，纂修《四库全书》。对经学、天文、历算、地理、音韵、训诂等均有深入研究，为乾嘉时代"皖派"考据大师。著述有《毛郑诗考证》《声韵考》《声类表》《考工记图》《戴氏水经注》《勾股割圜记》等，多编入《戴氏遗书》。1777 年，戴震卒于北京，运葬于此。墓台坐北朝南，占地约 1 亩。墓高3 米许，墓前有碑，为后人所立。整个墓地简朴自然，松竹苍翠，环布四周，环境清幽。

戴安澜将军墓

位于安徽省芜湖市。初葬贵州，1947 年迁葬于此。1956年后复整修。戴安澜（1904—1942），字衍功，号海鸥，安徽芜湖人。抗日民族英雄。1924 年，戴安澜入黄埔军官学校第三期学习，在校聆听过周恩来讲课，受到革命思想熏陶，后积极投身北伐。抗日战争期间，戴任国民党第二〇〇师师长，他以民族存灭为重，积极抗日。1942年2月，奉命率师出国，开赴缅甸前线，与日寇浴血奋战。同年3月。他率领将士坚守冬瓜阵地，激战7昼夜，击毙敌寇6000多人。冬瓜大捷后，他又率师攻克敌据点棠吉·康卡，后在摩西公路遇到伏击，5月16日在缅甸北茅邦壮烈殉职，追升为中将。我党中央领导人曾给予他高度评价。戴安澜将军遗体运回后，于同年12月在广西全州由李济深主持举行追悼大会。